文化自信背景下的历史文化研究

于晓冬　著

中国商务出版社
·北京·

图书在版编目（CIP）数据

文化自信背景下的历史文化研究 / 于晓冬著.

北京：中国商务出版社，2024. 8. — ISBN 978-7-5103-

5197-6

Ⅰ. K207

中国国家版本馆 CIP 数据核字第 2024D9P204 号

文化自信背景下的历史文化研究

于晓冬　著

出版发行：中国商务出版社有限公司

地　　址：北京市东城区安外东后巷 28 号　　　　邮　编：100710

网　　址：http://www.cctpress.com

联系电话：010-64515150（发行部）　　　010-64212247（总编室）

　　　　　010-64269744（商务事业部）　　　010-64248236（印制部）

责任编辑：李　阳

排　　版：廊坊市展博印刷设计有限公司

印　　刷：廊坊市蓝海德彩印有限公司

开　　本：710 毫米×1000 毫米　1/16

印　　张：10.25　　　　　　　　　　字　　数：187 千字

版　　次：2024 年 8 月第 1 版　　　　印　　次：2024 年 8 月第 1 次印刷

书　　号：ISBN 978-7-5103-5197-6

定　　价：68.00 元

前 言

文化自信是对于文化价值以及发展适应性的认同、认知和践行,是将文化内涵不断内化于心、外化于行的重要表现。中华历史文化是中国文化的精髓,是民族精神、民族意识和民族品格在文化层面的集中表达,集中体现了中华民族的精神世界和中国人的精神家园。中华历史文化作为文化自信的重要传统资源之一,充分挖掘其蕴含的各种文化资源和精神基础,并对其进行创造性转化和创新性发展,把历史文化与现实文化有机地结合起来,有利于更好地继承和发展中华历史文化,进一步加强中华历史文化与现代性的融合,更好地促进社会主义文化现代化建设,更加坚定我国的文化自信。

本书共有六章。第一章为文化与历史文化,介绍了文化及其基本问题、文化的时代性与民族性、社会历史考察中的文化视角。第二章为正确认识文化自信,介绍了文化发展与文化自觉、文化自信,中华文化自信的基础,文化自信的现实功能,文化认同与文化自信的关系。第三章为文化自信在"四个自信"中的地位与作用,介绍了文化自信在"四个自信"中的地位、文化自信决定道路自信的生成逻辑、文化自信为理论自信提供丰厚滋养、文化自信是制度自信的灵魂与内核。第四章为用历史文化培育文化自信,介绍了历史文化培育文化自信的可行性、历史文化培育文化自信的原则、培育文化自信的历史文化内容。第五章为中华历史文化与"四个自信",介绍了中华历史文化是道路自信的逻辑支撑、中华历史文化是理论自信的坚固底气、中华历史文化是制度自信的深厚根基、中华历史文化是文化自信的丰富源泉。第六章为坚定文化自信,推动中华历史文化"走出去",介绍了推动中华历史文化"走出去"的重要意义、推动中华历史文化"走出去"的基本历程、推动中华历史文化"走出去"的主要成就、推动中华历史文化"走出去"的未来展望。

由于本书涉及的研究内容广泛,具有较强的综合性和应用性,加之著者水平有限,时间仓促,书中出现缺漏在所难免,敬请读者批评指正。

著 者
2024 年 3 月

目　录

第一章

文化与历史文化

第一节　文化及其基本问题

一、文化的定义与功能

文化是当今哲学关注的热点。有西方学者宣称,世界哲学研究的重点已由科学哲学转向文化哲学。国内继 20 世纪 80 年代中期的文化热潮之后,近年来又有所谓的文化热的第二次升温。一些学者对文化的关注,表现出参与建设社会主义文化的热情。

文化问题是个重大的理论和实践问题。对文化问题的深入探讨,使我们加深了对中国历史文化的历史地位和当代价值的认识,同样也加深了对批判继承中华历史文化必要性和重要性的认识,以及对全盘否定中国历史文化的一些"左"的或右的错误观点与做法危害性的认识。这些都非常有助于推进社会主义文化建设。但是在文化讨论中也确实存在一些值得商榷的问题。例如:按照唯物史观,究竟如何理解文化的本质? 文化与政治的关系如何? 社会主义文化能不能非政治化、非意识形态化?

社会主义文化建设如何适应社会主义市场经济的需要? 如何处理坚持以马克思主义为指导和弘扬中国历史文化的关系? 能不能以东方文化来化解西方社会的矛盾? 这些都是一些重大的理论原则问题。正确认识这些问题,有助于文化讨论的深入和健康发展。

(一)文化是精神生产的创造物

对文化本质的理解,歧见毕呈,众说纷纭。但在国内有一种非常流行的、占主导地位的说法——文化就是人化。

从人的角度考察文化,把人与文化结合起来,原则上是正确的。文化是由人创造的,而人又是文化的产物,把人与文化割裂开来,既不能正确理解文化,也不能正确理解人。但是,如果我们仅仅在人与文化的两极结构中进行思考,脱离人与文化赖以存在的社会,往往会陷入自相矛盾的境地。

文化极具个性,一经产生,便独具风格。不同时代、民族和地区的文化存在差异性,并具有多样性。既然文化是由人创造的,为什么文化会呈现如此多样性?我们只能说人是具体的、多样的,所以文化也是多样的。可为什么人是多样的?为什么不同时代、不同民族、不同地区的人会有所不同呢?因为文化是多样的,作为文化产物、文化凝结物的人也是多样的。我们用人来解释文化,又用文化来解释人。我们自以为在做解释,实际上是在人与文化的怪圈中循环。兰德曼力图解决这个矛盾,他认为,"每一个人首先为文化所塑造,只是然后,他或许也会成为一个文化的塑造者"。他还说:"对于个体来说,不仅平常的人,甚至最伟大的天才,他之作为被文化所形成的人远甚于作为文化的形成者。"①尽管分出了主次,但他的观点仍然局限在人与文化的圈子之中。

文化就是人化的定义,往往导致两个理论失误。

第一,唯心主义的大文化观认为文化就是人化。凡人类所创造的一切都是文化。这样,学者把文化分为三个层次:观念文化,即人们的哲学、道德、法律、艺术、信仰等;制度文化,即各种经济制度、政治制度和各种组织;物质文化,即生产工具、物质产品以及各种建筑物、器皿等。在他们看来,物质文化和制度文化是文化的表层,最深层的是观念文化。物质文化和制度文化是观念文化的投影。可观念文化从哪里来?决定观念文化最深层的东西是文化心理结构。不过困境并不会因此轻易摆脱。人们还是要问:心理结构是如何形成的?据说是文化的积淀。可文化从哪里来?据说是心理结构的外在表现。可这无非把人与文化的关系作循环解释,转换为人化与文化心理结构的相互解释。

第二,抽象人本主义的文化观。为了摆脱人与文化相互解释的困境,有的学者进一步肯定,文化是人的本质的展现。有的学者说,文化是人摆脱了一切强制条件向自己本性的复归。至于人的本质是什么,其说各一。有的认为是自我意识,有的则认为是理性和精神。总之是人把自己内在的东西,如自我意识

---

① 兰德曼,阎嘉.哲学人类学[M].贵阳:贵州人民出版社,2006.

或理性外化为文化。笔者以为这种看法是一种抽象人本主义的观点。费尔巴哈就把人化看作人的固有内在本性的发挥，他说："精神作品并不是创造出来的——在这里创造只是最外在的活动而已——它们是在我们里面发生出来的。"①

文化当然与人密不可分。文化是人类社会特有的，是自然物与社会存在的分界线。"落霞""孤鹜""秋水""长天"是自然，可"落霞与孤鹜齐飞，秋水共长天一色"的审美意境属于文化范畴；树木花草、山水虫鱼属于自然，可公园里的湖光山色、鸟语花香却属人文景观。毫无疑问，不同的文化凝结着人们不同的智力发展水平、不同的思维方式、不同的价值观念和审美情感。但不能说文化是人的本质的展示和显现。因为人并没有永恒不变的抽象本质。人在展示自己的精神世界、创造力、价值观念以及审美情感之前，必须获得这些。为了从内到外，必须从外到内。因此，在考察人与文化关系时不应以人的抽象本质为中介，而应充分考虑到人的社会性和实践性。如果离开了这个基点，不把文化回归为人的本质、回归为人的自我意识和理性，就不可能说明人的精神创造力的源泉，也不可能说明人的精神活动的社会制约性和文化延续性，从而导致对人与文化相互关系的理解难以突破抽象人本主义的樊篱。

西方有些哲学家和文化学家不赞同对文化的人本主义解释。例如，美国著名的人类学家莱斯利·A.怀特就反对把文化和人联系在一起。他说："在作为科学的人类学产生以前，所有的文化解释理论都把人与文化联系在一起加以思考；没有人考虑到把文化与它的人类载体区分开来。"怀特强调要用文化来解释文化，把文化看作人类创造和运用符号的能力以及在此基础上建构的文化系统的自我决定、自我运动。用怀特的话说："文化是自成系统的，它既是依据自己的原则和规律而运行的一个事件和过程，并仅能根据它自己的因素和过程来加以解释。这样，文化可以被认为是一个自足、自决的过程，人们只能根据文化自身来解释文化。"怀特把文化看作一个系统，强调要研究文化自身的过程和规律以及文化的延续性和继承性是有启发的，但他把文化与人割裂开来，只强调用文化解释文化，把文化看作自我决定的独立系统，实际上是把人的精神世界及其产品变成不依赖人的客观精神，即一个与人无关的绝对观念的世界。这把用

---

① 费尔巴哈.费尔巴哈哲学著作选集.第三卷[M].北京:商务印书馆,1984.

文化解释文化的观点推到了极端,把某些合理性的认识变成了谬误。其实,如果离开了人的实践活动,抽象掉在人的活动中形成的经济关系和政治关系,文化就变为无源之水、无本之木,变为纯粹主观自生的东西。这就从另一条道路走向了文化神秘主义。

笔者以为,要正确理解文化的本质,科学地、历史地把握人与文化的关系,应该摆脱大文化观把人的一切创造物都称为文化的观点的束缚,把文化看作由知识、信仰、哲学、法律、道德、艺术、风俗习惯等组成的观念形态。文化当然是由人创造的,不过,它是处于一定社会形态中的人,直接或间接、自觉或自发地为适应和改造自己生存的环境(自然环境和社会环境)而进行的精神生产的产物。

物质生产方式制约着精神生产。从事精神生产的人,生活在一定的社会形态之中,他们不可能越出自己社会许可的范围创造自己的文化。尽管影响文化的因素是多样的,文化与经济的联系也因许多中间环节而变得模糊,但物质资料的生产方式在精神生产中的最终决定作用是确定无疑的。恩格斯说过:"每一历史时期的观念和思想也可以极其简单地由这一时期的经济的生活条件以及由这些条件决定的社会关系和政治关系来说明。"①

马克思曾经非常尖锐地批评把精神生产同物质生产对立起来的观点,特别是强调要从具体的社会经济形态来考察特定时期的文化。他说:"要研究精神生产和物质生产之间的联系,首先必须把这种物质生产本身不当作一般范畴来考察,而是从一定的历史形式来考察。例如,与资本主义生产方式相适应的精神生产,就和与中世纪生产方式相适应的精神生产不同。如果物质生产本身不从它的特殊的历史的形式来看,那就不可能理解与它相适应的精神生产的特征以及这两种生产的相互作用。从而也就不能超出庸俗的见解。这一切都是由于'文明'的空话而说的。"

物质生产决定精神生产,因此,随着物质生产的发展,人类文化也是越来越进步的,认为人越来越堕落的观点是违背历史事实的。尼采的观点明显充斥着悲观主义,他说:"人与动物相比,没有前进一步;文明的骄子相对于阿拉伯人或

---

① 马克思,恩格斯.马克思恩格斯论教育.下卷[M].北京:人民教育出版社,1986.

科西嘉人而言,是堕落者。"①但文化的进步不同于生产的进步。生产力发展是沿着上升路线前进的,生产方式的更迭也是如此。处在社会发展更高阶段的人,不会再回到过去,采用过时的生产工具和生产方式。文化的发展则不同。古希腊罗马的哲学包含着人类天才的智慧,古代的史诗和神话具有永恒的魅力。中国春秋战国时期的诸子百家所代表的是中国文化史上的黄金时代。一般情况下,文化越古老,就越具有一定的历史价值。尽管当今的不锈钢和玻璃器皿比出土的古代陶瓷瓦罐要漂亮得多、实用得多、坚固得多,但它们不具有文化历史价值。因为出土的古代陶瓷瓦罐代表的是人类历史的足迹,是一个已经逝去的永远不会重复的年代。物质生产和精神生产的非同步性和不平衡性是存在的。但我们不能说,精神生产沿着下降路线是与物质生产的上升路线背道而驰的。我们应该说,文化同样是进步的。不同的是,文化不像生产力进步那样是加速发展的状态,如不断前进的列车那样,而是如同万里群山,时而高峰时而低谷。某一个民族有自己突出的文化发展高峰期,但可能随之而来的是文化的湮没、文化传统的中断或跌入发展的低谷。这些情况在人类历史中并不罕见。因此,文化发展是曲线的,但它归根结底是以物质生产为轴心而起伏波动的。

如果文化是观念形态,何以解释文明可以区分为物质文明和精神文明呢?在这里关键是文化和文明的区别。这两者可以交叉和部分重叠,但绝不等同于文明属于社会进步的范畴。物质文明以生产工具和物质产品来表明社会进步的程度。因为衡量社会的标准是多方面的,所以文明区分为物质和精神两个方面。文化则不同,文化是表示社会形态结构的概念,它从精神生产的角度表明社会的构成和层次。如果泛文化化把人类所创造的一切都称为文化,势必混淆物质生产和精神生产的界限,使整个社会结构变得模糊、难以分辨。

或许有人会说,文化不限于观念,有其物质表现,例如,故宫的建筑、苏州的园林、龙门的石窟、普陀寺的庙宇、王羲之的书法、齐白石的国画等。的确如此,文化并不是完全存在于人的头脑之中的,有物质载体。这种载体不仅是语言、文字符号系统,而且表现为实物。但实物之所以表现文化并不在于实物自身,而在于它所表现的文化观念。建筑的文化价值不在于砖头瓦块、钢材木料,而

---

① 尼采.希腊悲剧时代的哲学[M].南京:译林出版社,2011.

在于它的风格;书法的文化价值不在于文房四宝,而在于透过文字所表现出来的风骨和神韵。离开了作为观念形态的文化,所有的实物无非僵死的材料,并不具有文化价值。这种看法不同于大文化观。因为在这里,物质仅限于文化观念的载体或外部表现,而不是泛指社会物质生产方式和人类的一切物质活动。人类社会的经济关系不属于文化范畴,而是作为观念形态的文化借以产生的经济结构。

(二)文化是保持社会稳定和同一性的精神加固器

文化是包括多种形式在内的复合体。在阶级社会中,有的文化有阶级性,有的没有阶级性;有的政治性强,有的政治性弱,而且各有特殊效用。但文化作为一个系统,任何阶级社会占主导地位的文化中的意识形态部分,都起着维护社会稳定、保持社会延续的精神支柱作用。这种作用集中反映了阶级社会中的文化的阶级性和政治性。

人的种族延续通过生物遗传,而文化是社会遗传的一种形式。这种遗传的社会作用,就是通过文化塑造与特定社会制度要求相一致的人,从而维护社会的同一性和稳定性。

文化之所以能起到这种作用,是因为文化尽管属于精神生产,但它可以通过语言文字以及其他物质载体,使其由个人意识转变为社会意识,由主观精神变为客观精神,从而形成一种社会文化环境。我们每个人都生活在某种文化体系处于主导地位的社会中,它将对我们每个人的一生产生巨大的影响。所谓人的社会化过程,就是接受文化的培育和熏陶的过程。即使没有受过正规教育,但社会风气和家庭环境,从小的耳濡目染,也往往使人被这种社会所"同化"。文化的确是存在于个体之外,不受单个意志支配而对个人具有强大制约作用的力量。生活在某一社会中的人并不能感到文化的这种强制力量,这是因为我们习惯这种社会,习惯这种文化,习惯这种思维模式、价值观念和行为规则。正如生活在地球上的人并不会感到空气的压力一样。可是当人们一旦试图反抗陈旧的社会制度,文化的强制力量就会非常明显地表现出来,会被固守旧的价值观念的人视为"叛逆"。所以,主体文化的一个重要作用,是培养一代又一代人对该社会制度的归属感和认同感。

自从《共产党宣言》宣告资本主义丧钟已经敲响后的一个半世纪中,西方发达资本主义国家尤其是美国,在几经危机之后仍然保持它的相对稳定的态势,无产阶级革命处于沉寂的低潮。在经历了 20 世纪上半叶的俄国、中国、东欧的革命风暴的震荡后,资本主义的航船又驶进了平静的港口。为什么? 经济当然是其重要原因之一。

美国的经济实力是强大的。科技革命推动了生产力的发展,海外市场与投资等,使美国成为富裕的发达国家。它有可能通过政策使国内的失业和贫困处在不危及社会延续的水平上。同时,我们绝不能忽视意识形态在资本主义稳定中所发挥的强大力量。

于资本主义社会中,在经济和政治上处于支配地位的统治阶级,想要在思想文化中处于支配地位,就必须培养自己的理论家。这些人"是这一阶级的积极的、有概括能力的思想家",没有本阶级的理论家、思想家,就很难实现主体文化的社会支柱作用。

可要真正发挥文化维护社会同一性的作用,仅仅依靠"精品文化"即高深的思想理论著作是不够的,还必须面对大众,通过所谓的大众文化发挥它的作用。毫无疑问,大众文化中有不少属于娱乐性、消遣性和精神享受的东西,但其中往往渗透着由思想家、理论家炮制出来的有利于该社会的理论观点和价值观念。不过,这些观念不是以专著、论文的形式,而是借助于听觉和视觉,以通俗的、易于接受的方式出现的。资本主义社会的大众文化,由于意识形态的渗透,不仅为他们带来大量的利润,而且为支撑、巩固资本主义制度起着高雅文化所无法起到的作用。正因为这样,"统治阶级自然会千方百计地来加强、扶植和灌输"。

在西方研究马克思主义的学者中,葛兰西看到了资本主义文化的作用,提出了文化领导权的问题。他认为,资产阶级掌握两种领导权:政治领导权和文化领导权。文化领导权是维护资产阶级统治的更强有力的堡垒。无产阶级要夺取政权,首先要破坏资产阶级在文化领域、在意识形态领域的领导权,掌握文化领导权。而在取得政权之后,无产阶级仍然要十分重视文化领导权。所以,在葛兰西看来,工人只有获得了文化领导权后,才能获得政治上的权力。葛兰西的看法很富有启发性,却难以实行。无产阶级在夺取政权之前,当然要进行理论宣传,进行舆论准备,使无产阶级和革命群众摆脱资产阶级影响,但不可能掌握文化领导权。因为,整个舆论工具,如电台、电视、报纸、学校等均掌握在有产者及其代表手中,无产阶级及其政党手中掌握的少量舆论工具无法与其相比,因此在无产阶级夺取政权之前要掌握文化领导权是不可能的。但葛兰西提出这个问题是非常有意义的。

法兰克福学派的赫伯特·马尔库塞所著的《单向度的人：发达工业社会意识形态研究》一书，是研究发达工业社会中意识形态的著作。这本书对于资本主义大众文化的作用也作了比较深入的揭示。在当代发达工业社会中，统治者成功地压制了人们心中否定性、批判性、超越性的向度，使无产阶级安于资本主义社会并与其一体化，即认同资本主义制度。其中一个重要原因，就是它通过大众传播媒介，无孔不入地侵入人们的闲暇时间，大肆宣传资本主义的拜金主义、享乐主义，使人们满足于追求眼前的物质需要，而不再追求另一种生活方式。使大家安于现实，就是这个制度对自身安全的最好保证。

如果说，富有统治经验的西方资产阶级比较成功地利用了自己的文化领导权，发挥了文化的意识形态功能，那苏联的解体和社会主义在苏联的挫折则从另一个方面提供了教训。

俄国十月革命后，在经济方面的成就并不小。虽然它经历了国内战争和第二次世界大战的破坏，但在工业和科技方面成就仍然是巨大的。在 20 世纪 70 年代之前，它由沙皇时代落后的俄国，变为欧洲第一、世界第二、可与美国争霸的超级大国。这些成就都是有目共睹的。它逐渐陷入落后和经济混乱的状态，这主要是在 20 世纪 70 年代之后出现的国内经济停滞，人民生活水平下降，并逐渐引起群众的不满。这说明，如果不发展生产力，不改善群众生活，在两种制度的斗争中，社会主义制度很难得到巩固。

然而，同样不可忽视的重要原因是思想领域。俄国革命是在一个相对落后的国家实现的。所谓落后，不仅是经济方面落后，而且是文化方面落后，即文盲数量多、教育不普及、人的文化素质偏低。这种状况，对于夺取政权似乎并无妨碍，因为革命更易发动，而且革命者和统治者处在相同的文化背景下较量。可一旦取得政权，在社会主义建设过程中，文化因素就显示出它的重要作用。尽管落后国家的社会主义革命，有可能跨过资本主义的"卡夫丁峡谷"，但绝不能在一个落后的经济和文化基础上建立一个稳固的社会主义制度。无产阶级的新政权必须在狠抓经济建设的同时，狠抓思想文化建设。特别是社会主义国家，必须坚持马克思主义指导，坚持文化建设的社会主义方向。

在这里，笔者只讲了主体文化功能的一个重要方面。文化的功能是多方面的，它对人类知识的积累、人的素质的提高、社会的进步以及生活的丰富都起着十分重要的作用。我们对文化的各种形式的性质和功能应该进行具体的分析和深入的研究。我们在建设中国特色社会主义文化的进程中，绝不能把非意识形态化和非政治化作为我们文化建设的指导原则。

二、文化的本质与基本形态

文化观念上的绝对主义是片面的，任何一种文化都有其合理性和必要性。文化的先进性主要表现为制度的进步性。中国历史文化中有许多先进性的因素，因此在中国现代化进程中，我们要把这些先进性因素变为当代中国的文化要素。

(一)小文化与大文化

文化问题是中国特色社会主义建设中一个具有全局性、战略性的问题，在日常生活和理论方面也是一个重大问题。在日常生活里，报纸也好，舆论也好，使用频率最高的词就是文化。喝酒有酒文化，喝茶有茶文化，吃饭有饮食文化，穿衣服有服饰文化，旅游有旅游文化。生活中到处是文化，文化变成了一个"高档品牌"的象征，哪里有文化哪里的品位就高。现在有这么一个现象，就是几乎每一个领域都讲所谓的文化，道德讲人的文化，政治讲政治文化，战争有军事文化。日常生活里是如此，理论领域也是如此。至于民族，那就更不用说了。有什么样的民族，就有什么样的文化。例如，满族有满文化，蒙古族有蒙古文化，汉族有汉文化，这是按民族划分。当然，也有按地区划分的文化，自古都是这样的，河南有中原文化，江苏有吴文化，湖南有湘文化或者楚文化，江西有赣文化。基本上，文化无处不在。西方人说，文化是空气，无所不在，可抓又抓不住，谁也说不清楚什么叫文化。在 20 世纪 50 年代，美国有两个学者合著了一本关于讨论文化概念的书，书中说文化概念有 160 多种。到现在，估计文化概念已不下200 种。

为什么大家都讲文化，可是又没有任何人能明确地说出什么是文化呢？这是由文化的特性决定的。文化具有广泛的渗透性，每一个领域都可以从自己的角度给文化下一个定义，形成了文化多元化的、各具特色的定义，使得文化很难被给予一个统一的、确切的、大家一致赞成的定义。笔者只能对现有的文化定义进行提炼，用"一""二""三""四"这四个数来说明什么是文化。

"一"是讲一元化的文化定义。这个定义现在有很多人在用。什么是文化？文化是人类所创造的一切不同于自然界的东西。这是我们讲的"一"。该定义下的"文化"表现在物质里面,笔者把它叫作物质文化;表现在人的组织和行为里面,笔者把它叫作制度文化;表现在人的观念里面,笔者把它叫作观念文化。总而言之,人所创造的一切不同于自然界的东西都叫作文化。

"一"比较简单。整个社会分为经济基础和上层建筑,文化属于上层建筑,经济基础和作为上层建筑的文化这两个方面就是"二"。这个定义同样既有优点又有缺点。优点是简单明了地指明了文化的上层建筑的性质。缺点是比较狭隘,排除了非上层建筑的、属于文化形态的东西,包括逻辑、语言、技术等。

很长时期以来,我们使用的是三分法——政治、经济、文化。文化是不同于经济、政治的观念形态:政治、经济不等于文化,但是文化必然要渗透到政治、经济里面,这是党的十六大提出来的观点。三分法的优点是结构比较清楚,指出文化是不同于经济和政治的观念形态。

到了党的十七大,这一概念变成了四分——政治、经济、文化、社会,其中,加入了社会方面的内容。现在我们讲四位一体,就是整个社会结构分为政治、经济、文化、社会四个部分。

"一""三""四"说起来好像很复杂,实际上就是二分概念。

一个是广义的文化"一",即大文化观。"二""三""四"属于一类,都是把文化看作观念形态的东西,这是我们通常讲得狭义的文化观,即小文化观。

大文化观就是人类所创造的一切都是文化。过去经常有人这样说,例如,梁启超就持这样的观点。他说:"文化者,人类心能所开释出来之有价值的共业也。"文化就是人的生活样式,这基本上是大文化概念。小文化观是把文化限制在观念形态上。西方著名的人类学家泰勒提倡小文化观念的定义,认为文化包括知识、信念、艺术、道德、法律、风俗习惯以及人的其他一些能力。陈独秀讲的也是小文化观,他认为文化就是文学、艺术、美术这一类的事。整个社会分为政治、经济、文化,作为观念形态的文化是政治和经济的反映,观念性的文化又作用于政治和经济。这基本上也是一个小文化观。

大文化观、小文化观从功能来说有各自不同的作用,大文化观对于人类学、考古学来说是很有用,如考古学里的仰韶文化、大汶口文化等,实际上讲的就是整个人类的生产观念的总的状况,包括生产工具、生活工具,也包括生产工具、生活工具所附带的观念。而狭义的文化观或者小文化观,是把文化限制在观念性上,对于哲学、社会学的研究来说是非常必要的,因为它能区分整个社会的结构。社会的构成要素包括政治、经济、文化三个方面，也可以被区分为物质和意识。大文化观是一个哲学概念，并无实用性，我们穿衣服不能穿文化、吃饭不能吃文化、喝酒不能喝文化。所以要区分社会结构、社会存在、社会意识，区分经济基础、上层建筑，这些都必须在小文化观之下。只有通过这种小文化观，我们才能知道建设社会主义先进文化要建设什么。小文化观对于我们建设社会主义先进文化来说，是具有有效的指导作用的。要培育民族精神，培养创造力、凝聚力等，我们就必须发挥作为观念形态的文化概念的作用，而不能用无所不包的文化概念。所以文化只有作为观念形态的文化，才能显示其重要性，才能显示其对于经济政治的渗透性。

根据文化唯物史观的观念，文化应该是社会结构的一个部分，它应该与经济政治相结合组成一个社会形态，一个社会结构，而不应该把文化等同于文明，等同于整个社会。在"文化是什么？"的问题上，笔者经常使用的是文化底蕴，即一种内涵。人与动物的不同之处在于，动物往往只有一种需要，就是生存的需要。人既需要物质生产来满足自己的生存需要，又需要文化来满足自己的精神需要，所以才有文化和物质之间的区分问题。如果把一切都称为文化，那就将物质生产与精神生产混在一起了。以至于马克思一再强调，人是按两种尺度来建造的，结合外在自然尺度和自己内在的尺度，按照美的观念来进行生产，人是一种文化创造。所以动物只有一个世界，那就是它所依赖的自然世界，而人是有两个世界的，既有客观的自然世界，也有人自己所创造的世界，即人化的世界。人化的世界既包括人化自然，也包括人从改造世界中所创造出来的文化形态、观念形态。虽然我们说文化是观念形态，是精神领域，是意识世界，但绝不意味着文化是一种纯粹的观念。文化离不开物质，必须有物质载体，当然也离不开人与自然的关系。比如，树根不是文化，根雕才是文化；石头不是文化，石雕才是文化；沙土不是文化，沙雕才是文化；冰雪是自然物，冰雕却是文化。这是因为各种雕塑、各种艺术品都要人类对自然物进行加工，将其与自然界本身没有的东西相结合，在整个加工过程中，都是由人的文化观念、人的审美情感所指导的。所以自然界不等同于文化，但是文化离不开人对自然的改造，离不开自然物质。

在文化里，有对于自然物的改造所形成的文化观念，也有一种不对自然物进行改造,却可以通过对自然物的审美把握,形成具有象征性的、符号化的文化观念。但是这种象征性的文化也不能离开物质载体,它也是对自然物的一种把握。比如,大家知道夕阳、芳草都是自然物,但是"夕阳无限好,只是近黄昏"就变成了具有诗意的文化观念。又如,袁枚的《随园诗话》讲了这个问题,"夕阳芳草寻常物,解用都是绝妙词"。只要你能理解它,都是绝妙好词,这其实就是一种文化的把握了。再如,山、水都是自然物,不是文化,但变成山水画就是文化了。山水画是中国绘画里非常重要的内容。天下的自然物,花、鸟、虫、鱼都是自然物,但是艺术化以后,就都变成文化了。花的文化在中国文化里出现的频率非常高,莲花代表高洁、牡丹代表富贵、菊花代表一种气节、杨柳代表送别,这都表现了一个民族所具有的文化象征,可是这种文化象征又不能够离开自然物本身的属性。这一点说明,文化虽然是一种观念形态,但绝不能把它归结为内心世界,它离不开人与自然的关系,离不开人对自然的改造和把握。

文化不仅是一种审美观念,一种文学艺术,还包括各种实践的理论升华。哲学、道德、法律、风俗习惯等都是文化。总而言之,文化的观念世界是精神世界,也是以物质为载体的一种观念世界,而不是单纯的内心世界,因此,文化离不开人与自然的关系,或者说离不开人对自然的改造,离不开人对自然的艺术加工,离不开人对自然的审美把握。也就是说没有人与自然的关系,人类就不可能产生文化。文化不仅离不开人与自然的关系,也离不开人与人的关系,离不开社会关系。既然文化是一种观念形态、一种精神世界,表达的是人的情感、理性、精神,可是为什么同样具有理性、具有精神、具有观念的人在不同的时代会有不同的文化观念呢?这是因为文化离不开每个时代的社会关系,包括经济关系、政治关系,也就是说文化是不能用人性来解释的,每一个时代的文化只能由它赖以产生的社会关系、经济关系、政治关系来解释。

(二)理论形态文化与世俗形态文化

文化有两种基本形态:世俗形态和理论形态。世俗形态分为三种:第一种是日常生活的文化观念,第二种是民间文化,第三种是大众文化。梁漱溟先生强调"文化是生活的样态",大体上是指人的生活方式中的一种文化观念,是一种世俗形态的文化。因为人的日常生活观念处在同一个共同体里,有许多在生活方式中形成的一些共同的文化观念。这种世俗形态的文化观念、生活形态的观念具有不能广泛性、群众性、世俗性的特点。

比如，我们经常讲酒文化。酒怎么是文化呢？酒厂就是生产酒的工厂，它不是生产文化的工厂，但是酿酒的企业也有文化，这里不是指企业文化，因为不仅是酒厂有企业文化，生产其他种类产品的工厂也有企业文化。酒厂生产酒，不生产文化，那为什么还会有酒文化？酒不就是含有乙醇的饮品吗？它为什么会有文化？那是因为酒里面包含了许多文化观念，这些观念也是具有民族特性的文化观念。

在中国的文化观念里，酒与诗经常联系在一起，许多唐代诗人都喜欢饮酒，更是有"李白斗酒诗百篇，长安市上酒家眠。天子呼来不上船，自称臣是酒中仙"这样的佳作。酒和诗之间在中国文化里具有一种非常密切的关系，饮酒和赋诗被连在一起。酒不等于文化，诗人可以饮酒；但是饮酒之人不一定就是诗人。但中国的历史文化里诗人善于饮酒，这是一种文化观念。在中国的文化里，很多戏剧都以酒命名，包括贵妃醉酒、温酒斩华雄等，其实酒与戏剧之间也有一种很深厚的内在联系。

在中国文化里，酒和政治之间也有很密切的联系。中国历代王朝的皇帝对饮酒都是有限制的。周朝就发过文告，不能饮酒，不准酗酒，它以礼来限制酒。又如，《封神榜》中纣王以酒为池以肉为林，因而亡国。至于鲁迅先生写的《魏晋风度及文章与药及酒之关系》，也特别提到了酒的问题。

在中国人的日常生活观念中，酒和生活方式之间的联系同样非常大。在中国，举行葬礼要喝酒，举行婚礼也得喝酒，酒既表示快乐，也可以用来表示悲哀。"何以解忧，唯有杜康"就是这样一种情愫。在中国，酒中有礼，敬酒须长幼有序、礼节适宜；同样，各种民族里面敬酒的方式也各不相同。所以，酒中的文化观念和生活方式是密切联系在一起的。

饮茶，作为一种特定的生活方式，也包含着文化底蕴。例如，大碗茶是贫民的生活方式；《红楼梦》里贾宝玉去妙玉那儿的饮茶方式，是富贵人家的生活方式；至于《红楼梦》里描写的刘姥姥饮茶的那种"牛饮"的方式，是老百姓中底层群众的生活方式；文人也有文人的方式。在中国人的茶文化中，接待宾客时敬茶是很重要的礼节，是表示恭敬的一种方式。现在，北京有很多茶艺馆，但这个茶艺馆不同于老舍《茶馆》里的那个茶馆了，老舍笔下的茶馆基本上展示的是基层的生活方式。现在到老舍茶馆品茶,已经是一种高雅的生活方式了,那里的文化气氛、茶叶、茶具、高昂的茶资都需要消费者具备一定的消费能力。另外,我们现在饮茶的方式和商业也是联系在一起的,它已经变成了高雅中渗透着世俗,世俗中也渗透着高雅的生活方式。

一个"吃"字里面包含的文化观念就更多了。什么东西能吃?什么东西不能吃?西方人吃牛肉、吃牛排,同时他们认为吃狗肉是一种野蛮的行径。西方人觉得狗是宠物,所以是不能吃的。而对农民来说,牛是非常珍贵的存在,在农业生产中扮演着重要角色,甚至比生命还重要。有的民族不能吃猪肉,这也是一种民族文化观念、饮食文化观念。现在,在"吃"的文化观念中更是加入了环保观念。有些东西就是不能吃,比如天鹅等珍稀动物是绝对不能吃的。环保观念其实也是一种文化观念。至于吃的方式,从古代的茹毛饮血到现在的食用熟食,再到探寻美食,这些都表明了文化观念的进步。至于饮食中所表现的礼节,更讲求面面俱到。儒家有一套规矩,什么人坐上座,什么人坐下首,什么人先吃,什么人后吃,都有一个尊卑长幼的次序,渗透着一种礼仪的严肃性。中国的历史文化讲究,请客时准备的东西越多越好,吃一半留一半,觉得这样做很有气节。在中国人的观念里,两个人一起吃饭,各自掏钱,AA制,就是很吝啬的表现。但美国人认为这样的方式很正常,这就是文化观念上的差异。

生活方式中的文化,就是指一种生活里面渗透的文化观念,而不是指"吃"本身。比如,服饰文化是文化中很重要的一种,通过服饰可以看到整个时代的变化、观念的变化,甚至男女社会地位的变化。法国有一个很有名的作家写道,你不要给我看历史,只要把各个时代的服装摆出来,我就知道那个时代是什么样子。可以说,整个服装的变化反映了人类的文化进步和文化观念的变化。比如,女孩穿的衣服,过去是越长越好,弱化了个人风格,现在更注重突出自我、展示个性。这就是文化观念的变化。如果文化观念没有变化的话,服饰也就不可能发生变化。所以,在生活方式里,吃穿住行都渗透着不同民族的生活习惯、不同民族的文化观念。

至于人们日常生活里面的风俗习惯,都是一种文化观念的映射。这种文化观念有时候对法律产生重要影响,所以,文化比法律更具有广泛性、群众性。

人的生活方式中包含文化观念,而生活方式本身并不是文化。人们不能

"吃文化""穿文化""住文化"。有的人没有弄清楚这一点,以为生活中的食物本身、酒本身就是文化。其实酒不是文化,茶叶也不是文化,但是饮茶活动过程中有文化,饮酒的过程中有文化,这其中也蕴含着观念、礼节、尊卑。中国人在聚餐宴请时对于座次的安排也体现了一种文化观念。美国有一个人类学家认为,虽然文化显然是一个重要的决定因素,但是文化本身并不包含行为。整个文化包括社会结构、社会组织、社会制度本身。社会包含社会结构、社会组织和行为,它们本身不是文化,而是其中渗透着文化。

文化除了我们日常生活中的文化观念,还包括民间文化,如民间工艺、民间音乐、民间文学、民间舞蹈、民间传说、民间信仰、民间风俗习惯等。这是真正的具有群众性的文化,这些与普通老百姓的日常生活紧密相连,是从群众土壤中生长出来的,又流行于民间。民间文化的第二特点是良莠不齐,有好的东西,也有很多糟粕。

还有一种文化就是笔者讲的理论形态的文化。理论形态的文化包括两个层次:一个层次是意识形态的部分,如哲学、法律、文学、艺术、道德等,其中包含世界观、价值观、人生观;另一个层次是非意识形态的部分,包括科学、技术、语言等,属于知识的部分。理论形态的文化和民间文化有所区别,民间文化的创造者是老百姓,并且和老百姓血肉相连。而理论形态的文化很多是由专业人士所创造的,是一种具有专业性的文化形态。这种文化形态,是古代劳动分工以后逐步形成的一部分知识分子专门从事理论形态的文化创造,它包括各个民族的传世经典之作。这种文化我们一般称为高雅文化。

文化的理论形态和世俗形态,虽然是两种形态的文化,但并不是对立的,也不是截然分开的,而是相互影响的。世俗形态里的文化观念,有很多可以上升为理论形态的文化。也就是说,世俗文化可以提升到理论形态,而理论形态的文化可以通过世俗化的方式转化为世俗文化,成为影响人们的行为规范。儒家文化在中国之所以产生如此深远的影响,就是因为它不限于内容,深深地渗透在中国人的血脉之中,变成一种民间的世俗文化。例如,不认字的老妪、妇女都要讲所谓三从四德等。儒家之所以能够发挥作用,无非通过两条道路:一条是科举,另一条是世俗。科举培养的是知识分子;世俗则是用来培育老百姓的,使它的观念变成群众性的观念,就是世俗文化。中国人讲人伦、讲孝道,朋友之间讲义气、讲仁义,实际上都是理论形态文化世俗化的结果。所以,中国农村的老百姓可以不知道什么是孔夫子,但是他的思想里面实际上有孔夫子的影子。我们现在提倡马克思主义大众化,就是这个道理。马克思主义是高雅文化,它看似与广大群众没有直接关系,对群众日常生活似乎也没有产生多大影响。所以,理论形态的文化要真正发挥作用,就必须通过世俗化的途径,现在,我们把这一途径称作大众化的途径。

在人们的观念里,一般都重视高雅文化,而不太重视世俗文化,同样也不太重视民间文化。实际上真正能够表达一个民族的本质特征的往往是民间的东西,即世俗化本身。因为,它与一个民族的日常的生活方式、行为规范紧密结合在一起。从整个世界的发展来看,科学技术发展的最大特点之一是趋同性。只有文化,特别是民间文化、世俗文化具有多样性,能够表现一个民族的特点。所以,要了解一个民族,必须了解它的民间文化、世俗文化。

无论是理论文化,还是世俗文化,都具有极为深刻的民族性。翻译过程中经常碰到这个问题:你可以把一本书翻译成中文,但是你无法把产生这种书的文化背景翻译过来,所以读者通过翻译的理解总是有隔膜的。例如,从刚上学的小孩到年迈的老人,大家都知道李白的《静夜思》:"床前明月光,疑是地上霜。举头望明月,低头思故乡。"这二十个字,人们从小学读到退休,依旧津津有味。但是,一旦翻成英文,外国人很难理解,抬起头来看月亮和低下头来思故乡有什么关系?这算什么诗?他们不理解中国文化背景里月亮和思念家乡的情绪之间的文化联系,他们没有这种观念,因此也就无法理解整首诗所表达的情感。中国人的乡愁和月亮之间存在一种文化上的联系,所以中国人才可能理解李白的这二十个字所蕴含的文化内涵。

以上是文化在宏观上的划分:文化包括理论形态的文化和世俗文化。

文化还有另一种划分,即物质文化遗产和非物质文化遗产。物质文化遗产就是能够以物质载体的形式传承下来的文化。龙门石窟也好,敦煌石窟也罢,都是物质文化。非物质文化遗产,是一种意识性的,体现在传承活动过程中,如口头文学或者泥人张等。所以,非物质文化遗产是很容易失传的。现在特别强调保护非物质文化遗产,因为一旦没有了传人,文化也就断了。

第二节 文化的时代性与民族性

一、文化与文明的区别与联系

我们很难把文化与文明截然分开。文明中肯定表现了一种文化观念和文化活动,因为文明是文化的积极成果;而文化的发展肯定表现了不同时期人类文明的进步。没有体现文化内涵的文明,正如全然不代表人类文明进步的文化一样,是不存在的。但是,从社会形态的角度来说,这两者是存在区别的。

文化是属于社会结构的概念。它是由特定的符号(语言和其他象征)传达的、在人类实践中创造的各种思想观念以及社会生活和行为规范的总和。例如,哲学、文学以及道德、风俗习惯,等等。文化是观念形态。物质并不直接是文化,但可以作为文化的载体而具有文化的内涵。一块黑布缠在手臂上传达的是哀悼;胸前一朵红花传达的是喜庆和祝贺。黑布和红花是物质,由于不同的文化观念和风俗习惯而被赋予不同的意义。任何社会都是由一定的经济、政治、文化构成的有机的统一体。在这种关系中,文化是一定的经济和政治在观念中的存在方式,因而不同时代、不同民族的文化中总是会包含一些落后的甚至野蛮的东西。不仅前资本主义社会如此,资本主义社会中的文化糟粕也同样存在。即使在社会主义社会仍然会存在帝国主义文化、殖民文化与封建文化的残余和影响。因此,文化可以加上定语,革命文化、反动文化、进步文化等。文明是表示社会进步程度的概念,是相对于野蛮而言的。文明是人类活动的积极成果,是衡量社会进步的一种尺度。文明发展的不同程度集中表现了一个国家和民族的发展水平和其在社会形态发展序列中的位置。衡量社会进步的尺度是多方面的,文明可以区分为物质文明、精神文明、制度文明。

文化是人类为了适应和改造自己的生存环境而进行的精神生产的产物。既然如此,人类的文化创造必然要受自己所处的自然环境的制约。生产力水平越低,自然作为劳动对象和资源对人类的生产方式的制约和影响就越大。居住在沙漠地区的人,不可能以农业生产方式和游牧生产方式为生,而临近大江大河的地区易于发展农业,水草茂盛之地易于产生游牧生产方式,这是显而易见的。但是,自然条件并不能直接决定某种生产方式的有无以及相应的文化形态。自然环境提供的是条件和机遇,而要把这种可能变为现实有待于人类自身的劳动创造。长江和黄河提供有利于发展农业的条件并在一定时期使中国的农业生产方式处于非常发达的地位,但它并没有使中国永远是农业国,而不能成为工业化国家,正如古代希腊罗马的地理环境便于航海,使其拥有发达的商业,但并不妨碍它的工业化发展一样。事实上,爱琴海仍然是爱琴海,正如长江仍然是长江,黄河仍然是黄河一样,可是几千年来无论是西方还是中国社会形态和文化都在发展和变化。同理,日本明治维新前后自然环境没有改变,可社会形态和文化发生了急剧的变化。尽管自然条件并不能直接决定文化的形态和性质,但它的影响和作用是不可忽视的。

文化是由生活在不同地区的不同种族的人创造的。我们可以发现文化具有种族差异性,但人种不能解释文化,同一个种族可以产生不同的文化。例如,一个中国人一出生就在美国的文化环境中长大而完全与中国人隔绝,他的文化观念大概率是美国式的。种族基因中并不存在文化因子。荀子说的"生而同声,长而易俗,教化也"其内涵是深刻的。任何一个种族的人,在另一个文化环境中成长肯定会具有另一种观念,即使他的种族特性相同,但价值观念、思维方式以及生活方式完全是另一个民族的。一个民族文化能够代代相传、保持一种继承关系往往并不是由于基因相同和种族遗传,而是由于这个民族以国家社会的方式存在,在一个相对固定的地区,使用同一种语言进行交往,每一代人都在继承上一代人已经取得的成就上继续前进。对于整个民族而言,文化是一种为适应生存和发展而进行的创造,对于这个民族的每个成员而言则是一种接受和学习。这表明文化自身具有一种民族凝聚力和自我继承的力量。只要这个民族存在,它的文化就会存在。当然,文化传统可能会中断,也可能会发生重大变化。变化的原因并不是种族的改变,而是社会变化。但变化后的文化仍然是这个民族的文化,仍然以不同方式与历史上的文化传统存在联系和继承关系。

人的行为方式与生活方式,都不能脱离文明和文化,它表现了人类文明发展的水平和文化观念。无论是生活方式还是行为方式都与人类文明程度相关。文明、礼貌、讲公德,是文明的表现。随地吐痰、大声喧哗等行为都是不文明的表现。中国封建社会中的一些文人的酗酒、狎妓、纳妾,以及后来的吸食鸦片,就不是文明的生活方式,即使他们的文化程度很高但仍然是不文明的。生活方式的具体表现取决于社会文明发展的程度。居住条件、饮食习惯和观念等,都与社会物质文明和精神文明发展程度相关。分食制就比我们祖传的共食制要更符合卫生要求,要更加文明。而在生活方式中也蕴含着不同的文化观念。中国人的婚丧嫁娶、亲朋往来的风俗习惯等都表现了中国人的文化观念。由于是文化观念,其中有好的习俗,也有陋习。我们要树立科学的、文明的、健康的生活方式,改造落后的、迷信的、愚昧的生活方式,要与物质文明和精神文明的发展相适应,推动文化观念的更新发展。

文明是文化的物质成果或精神成果。文明可以传播,可以接受,可以借用。以知识形态表现的精神文明从其原生地被别的民族接受是常见的。现在通行的数字系统是印度人创造的,通过中世纪的阿拉伯人传到欧洲。据说,欧洲的拼音字母创始者是埃及人,经过腓尼基人传到希腊,然后传到罗马发展为现在的拼音字母。特别是物质产品和技术的发明和运用,更是会通过交往而被别的民族吸收和借鉴。中国的火药、指南针、造纸术、印刷术对世界的贡献是众所周知的。在当今世界,几乎任何产品和新技术都能很快为别的国家所采用。一个与外界交往频繁的民族进步相对较快,而闭关自守、与世隔绝的民族的发展容易停滞的原因就在于此。文明特别是物质文明是可以借用、传播的。随着物质文明和精神文明的传播,实际上也是文化交流。但在文化交流中,易于接受的是物质产品、科学技术,但文明观念特别是一个民族的价值观念、思维方式、审美观念是不容易改变的。中东地区一些国家的生活水平比西方毫不逊色,可是思想上却不同于西方的文化观念和价值观念。文化是民族的。文化性质主要取决于社会制度和由各种原因形成的文化传统的影响,而文明程度往往取决于生产力发展水平。西方某些国家的文化传统比不上世界上的一些文明古国,可文明程度特别是物质文明显然高于后者。这说明文化与文明是不能简单等同的。丰富的文化传统要结出丰硕的文明果实还要经过再创造。人类由野蛮时期进入文明时期表明了社会的进步。但文明时期的人的行为并不都是文明的。由于社会发展的内在矛盾,在文明时期也存在野蛮,而且远远超过原始人的野蛮。历史证明,人类进入文明时代以来对人的杀戮比任何野蛮时代都要多。这并不是人性的堕落或异化,而是社会制度的性质和物质利益的冲突所造成的。有人认为,在近代中国历史中,西方列强对中国的侵略包括鸦片战争,似乎是先进文明战胜了落后文明,是向落后国家输送先进文明;而"不识时务"的中国人反对西方殖民主义就是反对进步。这种观点就是不会区分文明和野蛮的缘故造成的。西方殖民主义用大炮、用烧杀掠抢来镇压被侵略国家和民族的反抗,这不是传播先进文明，而是野蛮向文明的进攻，是用近代物质文明武装起来的强盗向古老文明民族的进攻。只有头脑糊涂的人才会把用新式武器破门而入的强盗称为文明人。任何以文明的先进性作为殖民主义和帝国主义侵略辩护的理由都是不能成立的。

文明是文化的积极成果，因此文化有其特殊的重要性。一个文化不发达的民族，也难以建立起发达的物质文明和精神文明。我们可以引进一些西方的新技术，如果没有具有高水平文化素质的人去掌握这种技术和工具，任何先进技术和机器都是无用或用处不大的。文化可以交流，可以汲取，但不能全盘引进。一个民族的文化有待由自己继承本民族的优良传统和汲取其他民族的优秀成果去自行创造。对一个民族的进步特别是对于可持续发展来说，文化资源在某种程度上比自然资源更为重要。自然资源短缺而社会持续发展的国家或自然条件丰富而社会停滞保守的国家在世界上都不少见。自然资源是有限的、消耗性的，唯独知识与文明是不断增长的、无止境的。在落后的文化基础上，高度发达的社会主义物质文明和精神文明的建设都是不可能的。

二、文化的民族性、时代性和阶级性问题

自古以来，民族性就是文化的基本特征。当然，文化的民族性并不是说文化都只是本土文化，因为任何民族的文化都不可能是纯粹的，都会吸收外来文化。一个民族的文化不仅由本民族的地区文化逐步融合而成，而且往往吸收了别的民族的文化。但文化的民族性并不会因为文化的融合或吸收而消失。因为，任何文化都是由处于共同地域、使用共同语言、具有共同的心理的群体创造的。这种共同的血缘、共同的地理环境、共同的语言和共同的文化传统，决定这个群体在文化观念上具有不同于其他民族的基本特点。

正因为文化具有民族性，故而在各民族的文化中，文化的各种形态，从风俗、习惯、交往礼节等到哲学、道德、法律等都各有特点。例如，哲学的民族性就很明显。作为以共同生活的地区和血缘关系为基础的不同的民族共同体也各有各的哲学思想。很显然，东方哲学不同于西方哲学，即使同属东方哲学，中国哲学也不同于日本、印度和朝鲜哲学，它们彼此也各有特点；即使同以古希腊罗马哲学为源头，同属西方哲学，但欧洲大陆哲学就不同于英美哲学，而德国古典哲学又具有自己的特色。

从哲学的着力点，即各自关注的重心看，古希腊罗马哲学更多地注重作为

纯客体的自然,因而自然哲学比较发达。中国哲学,特别是儒学更加注重人伦,即人际关系中的伦理道德以及处理人际关系的原则。中国古代哲学也讲到了自然,如《道德经》和《庄子》,但老庄哲学讲的自然,不仅是人之外的自然,更重要的是人自身的自然,即人的自然本性。"顺其自然"的原则,是人的本性不受外物束缚的原则。从思维方式来看,西方古代哲学强调的是主体与客体的区别,讲求观察、实验、理性的方法,一般来说擅长分析;而中国古代哲学虽然也有哲学家倡导明于天人之分,但主流思想仍是天人合一,强调主体,强调依靠主体的内在意识和道德实践来实现二者的统一,它运用的是反求诸己的内省方法,一般来说,擅长综合。它们彼此的哲学范畴也各有特点。中国哲学讲理气、有无、动静、形神、知行;西方哲学则讲矛盾、一多、感性理性、质量、肯定否定。两种形式的哲学各有优点,应该取长补短,不能绝对说孰优孰劣。

事实上,文化的民族性绝不能成为排他性。例如,哲学具有民族性,但哲学也可以相互吸收和传播。中国哲学可以接受西方哲学的影响。中国明清之际,特别是晚清曾经接受过西方文化包括西方哲学的影响。至于中国哲学对西方和中国周边国家的影响更是巨大。特别是进入资本主义时代以后,历史转变为世界历史,使不同形式的哲学更容易相互影响和碰撞。我们现在的马克思主义哲学所使用的许多范畴,就不是中国哲学固有的,而是马克思主义哲学独创或经过马克思哲学中介吸收的西方哲学范畴。哲学中的相互吸收融合是一种进步趋势。马克思主义哲学不仅直接来源于德国古典哲学,而且批判地继承了全人类的文化遗产。

应该强调的是,文化的民族性是指各个民族有不同于其他民族的文化,而不是说一个民族只有一种统一的民族文化。事实上,进入阶级社会后,唯一的无差别的民族文化是不存在的。不存在唯一的民族文化是就其内容说的,但就文化的表现形式和特征而言,即使两种不同的文化也可以有共同的东西。

文化具有时代性。在人类进入资本主义时代以前,各个国家和民族交往较少,各自在特定的地区相对独立地进行活动,历史突出地表现为国别史,还没有转变为世界史。在这个时期,文化的时代性集中地表现为各个民族文化的社会制约性和历史性,即每个历史时期的经济生产以及必然由此产生的社会结构是该时代的政治和精神的基础。社会形态的演变及其区别决定了文化的时代特征。很显然,原始社会、奴隶社会、封建社会、资本主义社会的文化是不同的,这种不同都是由社会制度的演变决定的。每一种文化都具有社会的特征,从它的演进看即具有时代特征。

当世界进入资本主义时期以后,出现了另一种文化的时代特性。由于资本主义生产方式的特点和科技的发展,各个国家和民族的壁垒逐渐被打破,出现了超越一个国家和民族范围的时代概念,如帝国主义和无产阶级革命时代、由资本主义向社会主义过渡的时代等,它对原来各自独立发展的国家和民族的发展都有不同程度的影响。各民族间相互作用的加强和世界潮流的出现,必然会给各个民族的文化打上烙印。

文化的进步性不同于文化的时代性。任何文化都属于一定的时代,这是文化的时代性,它表明的是这种文化产生的必然性和何以如此的原因。而文化的进步性表明的是这种文化站在时代的前列,代表的是社会进步潮流,符合历史发展的规律。例如,在资本主义时代出现的社会主义思潮、帝国主义时代的反帝国主义思潮以及它的各种文化表现形式。在中国,自鸦片战争以后逐步沦为半封建半殖民地社会,在这一历史时期出现了中国历史上从来没有过的帝国主义文化——半封建半殖民地文化。这种文化在中国的出现,显然具有时代的特征,但它是反动的、落后的文化,是丧失时代进步性,而代表民族资产阶级的新文化是进步文化。可以说,在任何时代特别是处于社会变革的时代,各种文化并存的状况是必然的,作为时代的产物它们都具有时代性,但并不都具有先进性。例如,哲学可以是时代精神的精华,也可以是时代的糟粕;哲学家可以是时代的骄子,也可是时代的弃儿,可以是真理的发现者,也可以是错误理论的鼓吹者。关键在于他们反映了时代的哪一个方面。真正哲学之所以是时代精神的精华,正是在于它符合时代进步的要求,抓住了时代的主题,回答了时代提出的迫切问题。一个哲学家越是有才华和贡献,他就越是依存他所处的时代,其思想反映时代特征,用哲学为他所处的时代的进步服务。

一个民族不只拥有一种文化,一个时代也不只存在一种文化,这说明文化在阶级社会中是有阶级性的。尽管文化中包含一些非阶级性的现象,如语言和某些风俗习惯,但从文化总体上说,文化应该是有阶级性的。之所以如此,原因在于:首先,在阶级社会中创造文化的人都是属于一定的阶级的,他们的情感、意志、兴趣、目的都会受到一定阶级地位的制约,这些必然表现在他们的精神产品之中;其次,从社会的角度来看,文化特别是人文文化,作为一种社会意识形态其内容是由特定的经济关系决定的,而经济关系的核心是利益关系、阶级关系。因而,作为人文文化形态的哲学、道德、法律、政治学说总是直接或间接、公开或隐蔽地维护处于社会经济关系中的某个阶级的利益。

当然,文化的阶级性绝不能意味着某一阶级的成员必定创造代表这一阶级的文化,关键不是创造者的阶级出身,而是取决于他站在什么立场、代表什么利益进行文化创造。马克思在讲到某一阶级的思想家与其所代表的阶级关系时说过一段著名的话:"不应该认为,所有的民主派代表人物都是小店主或崇拜小店主的人。按照他们所受的教育和个人的地位来说,他们可能和小店主相隔天壤。使他们成为小资产者代表人物的是下面这样一种情况,他们的思想不能越出小资产者的生活所超不出的界限,因此他们在理论上得出的任务和解决办法,也就是小资产者的物质利益和社会地位在实际生活上引导他们得出的任务和解决办法。一般说来,一个阶级的政治代表和著作代表同他们所代表的阶级之间的关系,都是这样。"例如,俄国的伟大文学家托尔斯泰是贵族,可列宁把他称为俄国农民的一面镜子,之所以如此,是因为他反映了那个时期俄国农民的愿望和要求。论阶级地位他是贵族,但论思想情感他代表的是农民。这种思想与阶级的分离,在精神生产中并不罕见。马克思出身于富有的知识分子家庭,恩格斯出身于工厂主家庭,可他们创造出了马克思主义。这种状况并不是说明思想体系本身是超阶级的,而是说明这种思想体系的创造者本人超越了自己所处的阶级。因为在社会矛盾、阶级矛盾激化的变革时期,一些原本属于某个阶级的人脱离自己所处的阶级,自觉地站在被压迫者一面,这种情况在历史上是常见的。

而且,文化的阶级性不是说阶级社会中两种文化之间就没有任何共同点。即使是意识形态比较强的哲学、法律、道德等,它们不仅具有意识形态的特性,而且具有知识性,能够作为知识的积累而为另一个阶级所接受。

特别是阶级社会中,处于统治地位的思想是统治阶级的思想,它是这个社会中的主流文化。尽管就其阶级性来说,统治阶级思想是属于统治阶级的思想体系,可就其影响和作用来说可以遍及全社会。被统治者往往违背自己的利益而接受统治者的思想,如在中国封建社会中包括农民在内的劳动者都或多或少地接受儒家三纲五常,如君君、臣臣、父父、子子等伦理道德观的影响。在资本主义社会中无产阶级接受资产阶级所鼓吹的抽象的自由、民主、平等的观念,接受利己主义、享乐主义思想的影响。在阶级社会中被统治者接受统治者的思想影响是一种规律性的现象。因为统治者拥有一切手段来达到这个目的，只有当被压迫阶级逐步走向成熟或矛盾逐渐被激化的时候，从思想上摆脱统治阶级文化观念的影响的斗争才会尖锐起来。

在中国，历史文化的主体是儒家文化。这一特点决定了中国历史文化的特色是以人伦为核心的伦理文化，着重调整人们的各种关系，例如，国家政治生活中的君臣以及各等级之间隶属的关系，家庭中的父子、夫妻、兄弟之间关系。由于儒家学说的政治伦理特色，从根本上说，儒家文化是比较保守的，它是为维护大一统的封建君主制服务的，是为宗法服务的。因此，它强调正名，即各种等级各色人等，各安其位，享受和承担与自己的等级身份相符合的权利与义务。所谓君君、臣臣、父父、子子，也就是说君就是君，臣就是臣，父就是父，子就是子，各有地位、各有职责，不能错乱。因而儒家的理论是不准进行改革，不准造反，更不准犯上作乱的。儒家思想不利于社会变革，但有利于社会稳定。这就是变革时绝不会提倡儒家，必然提倡反对尊孔读经，而取得政权之后可能会提倡尊孔的原因。

我们现在提倡弘扬中国历史文化，绝不是以儒家学说作为社会稳定器。我们当前需要正确处理发展、改革、稳定的关系。其中，稳定是能否深化改革和发展的重要前提。但我们的稳定不是依靠儒家学说得到的，不是无原则的倡导和谐，更不是虚假地标榜仁政，或者维护不合理的旧体制和干群关系。我们依靠的是马克思主义，是以马克思主义为指导，正确处理人民内部各种矛盾来维护社会稳定并在正确处理各种矛盾的过程中推进改革和求得发展。我们的稳定不是消极的，不是把凡是现实的都说成是合理的，而是为改革求得一个安定的社会环境和良好的社会秩序。因此，在我们社会中儒家学说能起的稳定作用，无论就其性质、方式和目的来说，都与封建社会迥然不同。把马克思主义说成不利于稳定的斗争学说，把儒家说成有利于稳定的学说，这种解释是不全面的、不准确的。马克思主义的学说绝不是一个"斗"字能概括的，正如儒家学说也不能归为一个"和"字。儒家倡导宽严相济，就说明它并不是一味讲"和"的。例如，王阳明和曾国藩对待农民起义的态度而言就可以说明这一点，而王、曾都属于儒学的信奉者，也是大儒。

儒家的政治性决定历代封建王朝需要以儒学为治国治民的要术。实际上在长期的封建社会中,儒家的确起到了稳定封建制度的作用。曾国藩镇压太平天国运动,成为清王朝中兴名臣的思想武器正是孔孟之道。中国历史文化的伦理特色是因儒家长期成为封建社会主流文化形态造成的。其实,中国历史文化的精品很多,并不限于儒家。但是,儒家由于它的政治地位和作用,成为历代统治者不可缺少的思想工具。儒家处于正统地位并为法律所维护,非圣无法历来是重罪。我们是社会主义国家,我们党的性质和社会性质决定我们是以马克思主义治国而不能以儒家治国。中国近百年来的历史证明,不是儒家学说挽救中国,而是中国革命的胜利挽救了儒家学说,使它免于同社会和民族的衰败一道走向没落。当今中国在世界的国际地位,使儒家学说重新光彩夺目。儒家学说中的精粹只有中国人民当家做主以后才有可能重新得到正确评价、清洗、吸收和发扬,因为与儒家学说相依存的封建社会已经成为历史,君主专制制度已经死亡。儒家学说与它极力维护的政治现实距离越来越远,它的意识形态性质越是减弱,它蕴含的具有普遍意义的东西就越是凸显。所以,新民主主义革命的胜利,不仅是对中国人民的解放,在一定意义上也是对儒学的解放。儒学摆脱了历史上充当封建制度思想卫士的重负,真正成为科学研究对象,成为中国人民创造新的社会主义文化的重要资源。

儒学之所以能够成为社会主义文化的重要资源,归根结底还是因为它所具有的双重性。儒家学说是产生于封建社会并具有封建主义的文化,但不等于儒家学说的全部内容都是封建主义的东西。不仅在同一社会中可以存在两种文化,而且即使代表统治者利益并处于统治地位的文化,也包含可被继承的其他性质的内容。一种具有阶级性的文化形态,何以能为另一个社会制度下的人所继承和吸收呢,这并不是因为儒家学说代表人性,从而可以成为永恒不变的常道。其实,儒家学说从先秦经两汉再到宋明的发展和演变,是代表封建统治者的意识形态的,但由于人伦关系是人类社会中的一种普遍关系,它的一些规则具有普遍有效性的一面。如人们相互交往中讲信、对父母讲孝、夫妻关系中的互敬和互爱、对国家和民族讲忠、讲大节,这对处理类似关系的国家社会都可供借鉴。因此,儒家倡导的仁爱精神,注重个人的道德修养和理想人格的培养,提倡节俭反对奢侈,提倡个人对家庭、对社会的责任,提倡以义制利、反对见利忘义,等等,这些对社会主义市场经济下的精神文明建设都是有益的。

中国有 14 亿多的人口,是人口大国。中国在世界上的华人华侨也是最多的。散居世界各地的华人之间之所以认同中国,主要是对种族血缘关系的认同。此外,这种认同也是一种文化认同。文化认同最根本的是对儒家学说的认同。为什么?因为儒家是与血缘关系最为直接、最为密切的学说,它是专讲人伦关系的。父子、夫妻、兄弟、朋友、个人与家族、个人与国家,这些道德伦理观念,最能为华人所认同。但如果从文化的内涵来看,儒家并不是中国文化中最深刻、最丰富的思想形态。儒家比较狭隘,着重于政治伦理方面。如果说到各种文化形态的优点所在,那么,讲哲学应该是道家即老庄,讲逻辑应该是墨家,讲军事应该是兵家,讲农业应该是农家,讲法治应该是法家。所以,中国的诸子百家各有特点、各有贡献,儒家仅其一而已。但其他各家都强调其中一个方面,或打仗,或论辩,或耕作,或刑名,唯独儒家所具有的政治伦理色彩,使它长期处于思想支配地位,并发挥任何其他学说难以替代的作用。

世界上没有绝对纯粹的东西。纯粹只是一种舍弃其他一切因素的抽象表现。社会形态如此,文化同样如此。阶级性绝不是绝对排他的。阶级性与社会性是统一的。一个阶级越是处于进步的上升的时期,它的阶级性中包含的社会因素就会越多。这正是文化可以交流和继承的内在根据,如果阶级性是绝对排他的,人们只能被封闭在自己的文化圈子里,社会的发展和文化的进步都是不可能的。

三、文化发展的本质是创造

文化是由人创造的,而人是不断变化和发展的,因而文化也处于发展变迁中。每一代人都要在文化宝库中或多或少地增加一些新东西,又要从先辈的文化遗产中借用一些东西。可是,文化的积累不是往钱罐里塞钱,而对前人文化遗产的继承也不是从钱罐中取钱。文化的积累和继承都是一个创造过程。没有每个时代人们的创造就没有积累也没有继承。不能把文化的发展归结为对历史文化的诠释,不能认为文化存在于世世代代的人民对祖先文化传统的诠释之中。文化是一种创造,是现实的人面对现实需要的一种创造。离开了现实人的现实活动,既不可能有文化的积累(无东西可积累),也没有文化的继承(没有必要继承)。

当然,任何时代的人的文化创造活动都不可能脱离传统,正如马克思所说:"一切已死的先辈们的传统,像梦魇一样纠缠着活人的头脑。"可是传统不等于文化典籍。对传统的继承不能理解为对文化典籍的诠释,把文化典籍视为不可超越的范本,而当代人只是古代典籍的解释者。其实,古代文化典籍中的重要思想在现实生活中并不一定存在,即使在古代也可能并没有实行过,并不是现实而是一种个人的理想和信仰。例如,《论语》中许多道德规律,如"己所不欲,勿施于人""己欲立而立人,己欲达而达人"①等,从来就没有人真正做到过、实行过,包括儒家学说的创立者和历代的所谓大儒。写在书上的不等于实有的,古籍中的精华不等于传统。我们说,传统保存在当代中,离开了当代就不是传统。因此,传统是在中国人的生活中世世代代起作用的那些价值观念、思维方式、风俗习惯、道德观念,它古老而又在一定程度为当代人们所遵守和认同。在长期历史过程中,古老的过时的东西不断减速减弱,而新的东西又不断凝集为传统。传统就是这样在保存和变迁中演进的。

每代人在继承传统的过程中,对历代先人积累的文化典籍的利用是极其重要的。文化典籍为后代提供宝贵的思想资料,提供了智慧借鉴。一个民族的文化名人越多,流传下来的典籍越多,表明这个民族的文化传统越丰富。但这些瑰宝能否得到利用,取决于后人如何利用这些资料。正如面对同样的材料,由于厨师的手艺有高下优劣之分,菜肴的水平完全不同。可是尽管继承什么、如何继承传统、把什么视为精华、什么视为糟粕,可以因人而异,但从时代角度看,只有符合时代需要、有利于时代进步、有利于民族文化的发展和提高,才是真正对我们祖先优秀文化遗产的继承。历史经验证明,立足于时代和人民需要的继承,和当代推进社会的实际活动需要结合在一起的继承,是符合社会发展方向的继承。我们对中国历史文化的研究和继承都是以建设中国特色社会主义文化为目的的。一个国家的文化状况对经济和政治的影响是巨大的。列宁曾说,文化落后的国家容易产生专制主义而西方资本主义国家采取民主制度,这不是取决于人们的愿望,而是有其文化背景。即使某些资本主义国家仍然存在君主制,也是资本主义化的君主,而不可能是专制主义的帝王。这是因为在资本主义社会,无产阶级的文化水平高于农民。列宁说:"正常的资本主义社会要顺利发展下去,就不能没有稳固的代表制度,就不能不给予在'文化'方面必然有较高要求的人民以一定的政治权利。这种一定程度的文化要求是资本主义生产方式本身连同它的高度技术、复杂性、灵活性、能动性以及全世界竞争的飞速发

---

① 杨伯峻.论语译注.2 版[M].北京:中华书局,1980.

展等条件所造成的。"因此，在中国这样的国家进行政治体制改革，不能不考虑中国的文化状况的制约性，重视社会主义文化建设，普及教育，开发民智，提高人民当家做主的自觉意识，有利于积极推进政府机构改革，发展民主，健全法制，建设一个社会主义法治国家。

文化建设涉及很多领域，但最重要的是指导思想的问题。我们绝不能把文化建设的问题简单变为一个继承文化遗产的问题，甚至变为在中国复兴儒学的问题。中国特色社会主义文化最根本的是要建设、要创造，而不可能只通过对历史文化的继承来完成。要正确继承历史文化还要有正确的指导思想。我们不能在儒学范围内谈论儒家文化的继承问题。不跳出历史文化的视角就不能真正继承历史文化。中国文化史证明，尽管儒家思想在历朝历代也有变化和演变，但都是在这个框架内的变化。我们的目的是建设中国特色社会主义文化，因此必须对中国历史文化进行分析、清洗、吸收、改造。中国的复兴使儒家重振家声成为可能。没有一个强大的中国，就不会有一个名扬四海的孔夫子。是中国的强大把儒家推向世界，而不是儒家学说把一个曾经满目疮痍、贫穷落后的中国推向世界。不用马克思主义观点指导研究中国历史文化，我们就不可能越出前人的窠臼。党的十五大作出了高举邓小平理论伟大旗帜的历史性决策，并写进修改后的中国共产党党章和宪法。这对于中国社会主义的前途和命运，对于我国的社会主义文化建设具有决定性的意义。建设中国特色社会主义的理论和实践表明，马克思主义在中国并不是处于低潮，而是处于新的发展阶段。邓小平理论使在世界某些国家和地区遭到挫折的马克思主义重放光辉。我们哲学社会科学工作者，我们马克思主义理论工作者，在经济学、哲学、科学社会主义学说以及其他领域，深入研究邓小平理论，并在邓小平理论伟大旗帜的指引下，研究进一步推进改革所提出的各种理论和实际问题，继续探索中国特色社会主义的发展规律，就是为繁荣社会主义文化做出应有的贡献。

文化是社会形态的组成部分。任何社会都具有自己特定的经济结构、政治结构以及相应的文化形态，社会主义社会也是如此。文化相对经济、政治而言，精神文明相对于物质文明而言。只有经济、政治、文化协调发展，只有两个文明都搞好，才是中国特色社会主义。在资本主义社会，经济发展与文化之间存在着不可调和的矛盾。一方面，生产力不断发展；另一方面，社会道德水准下降和价值观念发生危机。这种物质生产与精神生产的不平衡在资本主义刚刚登上历史舞台时就出现了。卢梭在他的获奖论文中,已经发现了这个矛盾,但对此感到困惑。马克思也曾论述过资本主义社会物质生产和精神生产的不平衡性问题。恩格斯在《反杜林论》中对这个问题做过分析。资本主义社会经济与文化关系的失衡是必然的,是以资本主义私有制为经济基础的不可避免的现象。西方一些思想家设想一种混合结构,即经济上的社会主义、政治上的自由主义、文化上的保守主义。这是一种乌托邦式的设想,是根本不可能实现的。也有些思想家因资本主义的经济与文化的失衡而反对物质文明、反对科技发展,这同样是一种错误的哲学思想,没有真正弄清楚经济、政治、文化的关系。只有社会主义才有可能解决资本主义社会中文化与经济之间的矛盾。邓小平关于有中国特色的社会主义理论,不仅为繁荣社会主义经济,而且为繁荣社会主义文化指明了方向。我们可以满怀信心地展望未来,具有丰富文化传统的中国,在社会主义现代化的伟大实践中,一定能立足现实,以马克思主义为指导,吸收中外文化的优秀成果,创造出更加绚丽多彩的中国特色的社会主义文化,对人类文明做出应有的贡献。

社会主义社会的发展是全面的。社会主义现代化应该有繁荣的经济,也应该有繁荣的文化。在建设中国特色社会主义文化的伟大事业中,哲学社会科学的作用是无可替代的。哲学社会科学各学科是整个高校教育的重要组成部分。它不仅要以自己的理论研究成果为坚持马克思主义在意识形态指导地位、为建设中国特色社会主义理论和实践服务,而且要培养高举邓小平理论伟大旗帜的哲学社会科学专业人才。哲学社会科学的繁荣有利于全民族的思想理论素质的提高,有利于加强我们民族的凝聚力。没有科学的理论指导,就难以在全社会形成共同的理想和精神支柱;没有自觉的道德纪律和较高的文化素质,就难以形成良好的文化环境。这是关系到我们继续推进改革开放和现代化建设的重要条件,也是关系到建设中国特色社会主义的重大原则问题。在我们这样一个国家要跨越"卡夫丁峡谷",必然要充分吸收资本主义的科技成果、大力发展生产力,同样不可忽视的是要有坚定正确的政治方向、社会主义的道德情操和较高的文化修养。人的素质问题是社会主义建设的关键问题。而素质不是单纯的科技水平,它也包括人的人文素质,特别是哲学社会科学素质。我们的哲学社会科学工作者要在创造绚丽多彩的社会主义文化方面发挥作用,发挥哲学社会科学的优势和专业特长,就必须正确对待马克思主义,正确对待中国历史文化,正确对待建设中国特色的社会主义实践。把现实、理论、传统三者有机结合在一起,立足现实,坚持(马克思主义)理论、重视(文化)传统,在创造中继承,在推陈中出新。

第三节　社会历史考察中的文化视角

文化问题是当今思想领域中的热门话题,它的研究延伸到各个领域。从大国的兴衰到弱国的崛起,从时装的走俏到战争的硝烟,从歌曲的流行到影视风格的变换,从文学批评的话语到文学的新风格。总之,社会活动中出现的各种现象,从物质到精神,从经济到政治,一切都可以从文化角度进行解释。文化似乎成为当代解开一切谜团的万能钥匙。

亨廷顿在他主编的《文化的重要作用:价值观如何影响人类进步》一书的前言中就说,"社会科学界越来越多的学者把目光转向文化问题,用它解释各国的现代化、政治、民主化、军事战略、种族和民族群体的行为以及国与国之间的联合和对抗"。[①] 的确,文化问题在当代的重要性是不言而喻的,它成为我们考察社会历史的一个重要视角。毫无疑问,历史唯物主义并不排斥社会历史考察的文化视角,尤其是在当代。但它反对文化决定论。怎样才算合理运用文化哲学的解释,如何划清唯物主义历史观和文化决定论的界线,在当代文化热潮中,这个问题很值得研究。

一、历史唯物主义不是文化决定论

马克思在写于 1859 年的《〈政治经济学批判〉序言》中,对历史唯物主义的概括是非常著名的、经典的。可就是这段概括,至今仍被西方视为经济决定论的典型而被诟病。

列宁对马克思的上述论断给予最高的评价,认为正因为马克思把社会关系归结于生产关系,把生产关系归结于生产力的水平,才能有最可靠的根据把社会形态的发展看作自然历史过程。"不言而喻,没有这种观点,也就不会有社会科学。"但序言提出的是对历史唯物主义根本规律的揭示,而不是全面表述。列宁强调,当马克思对资本主义社会形态进行分析时,既完全用生产关系来说明

---

① 亨廷顿.文化的重要作用[J].当代电力文化,2017(1):1.

该社会形态的构成和发展,但又随时随地探究与这种生产关系相适应的上层建筑,使骨骼有血有肉。"使读者看到整个资本主义社会形态是个活生生的形态:有它的日常生活的各个方面,有它的生产关系所固有的阶级对抗的实际社会表现,有维护资本家阶级统治的资产阶级政治上层建筑,有资产阶级自由平等之类的思想,有资产阶级的家庭关系。"这说明,马克思在实际运用他的伟大发现时,完全不同于一些人所指摘的"经济决定论",而是对社会形态进行唯物辩证的考察,充分意识到上层建筑的作用。

但是从纯理论概括来看,马克思上述著名的论断是把重点放在经济方面的。它从生产活动出发,由生产力到生产关系、经济基础到上层建筑以及它们之间矛盾如何导致革命变革,从而推动社会形态的变化,揭示生产力在社会历史发展中的最终决定作用,以及社会基本矛盾展开、激化、解决,从而推动社会形态有规律的更迭过程。马克思当时对相反的方面,即上层建筑对经济基础的反作用未加论述。这只能从马克思活动的历史条件和肩负的历史使命中得到解释。马克思和恩格斯在创立历史唯物主义时,当然要把重点放在论证物质生产力在社会历史中的决定作用上,非如此不可能打破唯心主义在社会历史领域中的长期统治地位。所以,自从《德意志意识形态》发表以后,当马克思总结他十多年经济研究的结果时,必然采取这种方式总结他的划时代的、里程碑式的研究成果。脱离历史条件和马克思与恩格斯当时肩负的理论使命,就不可能准确公正地评价并把握马克思的上述论断的实质。

恩格斯反复说,不能把历史唯物主义理解为主张经济因素是社会历史发展中起作用的唯一因素,[①]实际上,上层建筑的各种因素都以自己的方式从不同方面影响社会历史的发展过程。他在致瓦·博尔吉乌斯的信中明确地说:"政治、法律、哲学、文学、艺术,等等的发展是以经济发展为基础的。但是,它们又都相互作用并对经济基础发生作用。并非只有经济状况才是原因,才是积极的,其余一切都不过是消极的结果。"恩格斯还对马克思和他当时为什么都把重点放在经济方面作了解释和自我批评。他在给梅林的一封信中曾说:"只有一点还没有谈到,这一点在马克思和我的著作中通常也强调得不够,在这方面我们大家都有同样的过错。这就是说,我们大家首先是把重点放在从基本经济事实引

---

① 江思南.马克思恩格斯选集[J].博览群书,1998(6):2.

出政治的、法的和其他意识形态的观念以及以这些观念为中介的行动,而且必须这样做。"马克思和恩格斯忙于指导国际的工作和工人运动,当革命处于沉寂时期,马克思便埋头于《资本论》的写作,恩格斯则忙于反对杜林和总结自然科学的理论成就,他们都没有机会和条件重新回到序言中所确立的原则上,专门论述这个问题,正如恩格斯说的,"这就给了敌人以称心的理由来进行曲解或歪曲"。最后这句话在当代仍然有现实意义,因为时隔一个多世纪,所有历史唯物主义的反对者们仍然喋喋不休地指摘历史唯物主义是经济决定论。他们最"过硬的"材料就是 1859 年这篇著名的序言。所以,全面准确并从历史角度理解马克思的著名序言,是我们理解文化重要作用的立足点。

二、文化问题成为时代热点的社会背景

从马克思主义发展史来说,在马克思、恩格斯的著作中,文化问题并不是他们关注的热点问题。他们关注的是对资产阶级社会的批判和无产阶级解放的问题。因此,重要的是创立新的世界观和对资本主义社会的经济分析并以它为依据推进社会主义学说由空想转变为科学。尽管唯物史观为文化研究提供了理论和方法,但马克思并未直接研究文化问题。恩格斯在《家庭、私有制和国家的起源》、马克思在晚年的人类学笔记中都涉及文化问题,但都是从社会形态发展角度提及的,而不是专门研究文化问题。相反,他们反对过多地研究文化问题,反对文化决定论的唯心主义历史观,批评"旧的、还没有被排除掉的唯心主义历史观不知道任何基于物质利益的阶级斗争,而且根本不知道任何物质利益;生产和一切经济关系,在它那里只是被当作'文化史'的从属因素顺便提到过"。对经济问题和无产阶级斗争问题的研究与文化问题相比,对马克思和恩格斯来说孰重孰轻是一目了然的。

在马克思和恩格斯逝世以后,情况逐渐发生变化。文化随着社会的发展日益显示出它的重要性并为人们所重视。当资本主义在西方确立,世界历史由传统社会向现代社会转型时,对于后现代化国家,文化观念对一个国家社会发展道路的选择产生重要作用。日本在明治维新时期宣扬脱亚入欧采取对外开放方针,中国近代的"闭关锁国"以及强调"中体西用"的文化观念,显然对日本与中国近代历史发展产生了深刻影响;在当代,无产阶级的革命条件尚不完善,葛兰西关于文化领导权问题以及对资本主义社会的文化批判,对于无产阶级的新觉醒和革命力量的积蓄有着远比 19 世纪下半叶和 20 世纪上半叶更为重要的

意义;在当代,由于文化、经济和政治相互渗透作用的强化,一个国家的文化已经成为综合国力的重要组成部分,尤其是文化产业已经成为发达国家的重要生产部门,成为它们的经济发展支柱、政治影响力强化的手段和对外进行经济政治军事扩张的软力量。此外,经济全球化背景下的文化交流与冲突,以及中国特色社会主义先进文化建设等问题,都使文化问题成为理论和现实的热点。对当代文化问题的研究,的确为我们提供了考察诸多社会现象的新视角。正因为这样,文化研究才成为当今的显学,备受关注。有的哲学家认为,当代西方哲学领域已由科技哲学转向文化哲学。1983年召开的第十七届世界哲学大会讨论的主题就是"哲学与文化"。自此以后,文化问题一直被关注,包括后现代主义哲学文化理论。1998年夏,哈佛国际与地区问题学会决定探讨文化与政治、经济以及社会发展的关系。1999年4月,美国艺术与科学学会召开文化价值观与人类性进步的讨论会。在我国,改革开放后,文化问题的探讨持续升温。我们应该高度重视对文化问题的研究,但前提是坚持历史唯物主义原则。

三、文化问题考察中的两种历史观

从西方社会科学的发展来说,文化问题开始是属于社会人类学研究的范围,是把文化作为一个民族的风俗、习惯和信仰进行实证性、经验性的研究,以便更具体地研究和了解一个民族或原始部族的社会状况。文化被理解为一个民族的生活方式和生存总体,在这个范围内,文化与文明是同等的概念。考察一个民族的文化、文明与从总体考察这个民族是同样的概念。从社会发展来看,这种研究与西方资本主义社会的发展和向外拓展存在着某种明显或不明显的联系。

从文化角度考察人类的前途和命运,这是从19世纪末至20世纪初西方资本主义社会矛盾激化开始的,它表现了西方学者对人类命运和前途的忧虑。这种忧虑可以被称为文明的忧虑。

在这些学者中,首推斯宾格勒。他的《西方的没落》就是通过对文化生长规律的抽象、思辨的考察,断言西方社会正趋向没落。这是从文化视角对西方资本主义前途的预言。

如果说斯宾格勒还是限于西方的没落,那么经历两次世界大战,面对当代人类困境的汤因比等则从对西方的考察扩大为对人类总体前途的忧虑。无论是他的《人类与大地的母亲》还是他与池田大作之间关于展望21世纪的对话,都是把人与自然矛盾激化所引发的人类生存困境,理解为文化危机,或人类文明的危机。这个危机会导致人类的自我毁灭。摆脱危机的唯一方式是重建人类的高级文明。

从 20 世纪人类经历的两次世界大战看,战争都是直接由经济和政治的利益的矛盾和对立引发的。两次世界大战战争的根源仍然是经济和政治利益。然而,当代战争则有所不同,它是不同文明之间的冲突,因此当代战争的根源和引发国际冲突的因素是不同的文化和文明之间的冲突。这就是亨廷顿所主张的"文明冲突"论。在他看来,在当代决定国际关系和人类前途的是各种文明之间的冲突,特别是在所谓文明的断裂带矛盾会更为尖锐。他断言,基督教文明、儒家文明、伊斯兰文明是当代文明对抗的三种主要形式,因为作为文明核心的价值观念不同,受儒家思想影响的国家和信奉伊斯兰教的国家不会接受西方的民主、自由、人权、法治等价值观念。正是由于价值观念和信仰的对立,它们必然会反对西方的文明,从而导致战争。不是西方发达的资本主义强国为了自身的经济利益和政治利益反对某些处于发展中的国家,而是后者由于对西方文明的抗拒而具有反西方情绪。这是"东方野蛮人"抗拒西方先进文明的老调新弹,是马克思和列宁早就驳斥过的陈词滥调。当然,我们并不否认各种文明之间的差异和冲突,各国文明间的差异的存在是客观的。但是,我们认为文明差异是在历史的大背景下形成的,是正常的,并且是文明多样性的表现之一。文明的差异不应该是文明冲突的原因而应该是文明互补和交流的根据。文明因差异而导致冲突并发展为战争最根本的原因是经济和政治利益。不同的文明只有与经济和政治冲突相结合才会由差异转向对抗。

另外,西方发达国家特别是美国与欠发达国家和贫穷国家之间的矛盾日益尖锐,差距越来越大。经济全球化并没有缩小这个差距,而是更迅速地、更大地拉开了这个差距。根据一些西方学者的看法,世界上落后国家的贫困原因并不在于殖民主义、帝国主义,以及对发达国家的经济和政治依附,而是在于文化的阻碍,在于观念的落后。有的学者认定"不发达是一种心态",因而"越来越多的学者、新闻工作者、政治家和实际从事发展工作的人,正在把注意力集中到文化上的价值观和态度在促进或阻碍进步方面所起的作用"。学者还说:"文化价值观和态度可以阻碍进步,也可以促进进步。可是它的作用一直大体上受到政府和发展机构的忽视。我相信,将改变价值观和态度的因素纳入发展政策、安排和规划,是一种很有意义的办法。会确保在今后 50 年中世界不再经历多数穷国和不幸群体过去 50 年所陷于其中的贫困和非正义。"强调文化可以阻碍也可以促进社会进步,一个政府应该制定正确的文化政策,这个意见无疑是有远见的、正确的。

可是,如果完全不考虑以往殖民传统和当代欠发达国家对发达国家的有形和无形的依附关系,把当代发展中国家的贫困以及种种社会问题都归结为文化观念落后,这种观点当然不会得到认同。人们会问,究竟是哪一种文化价值观和态度能改变一个贫穷国的贫困? 广大发展中的国家,能不能抛开自己的民族的传统和价值观而采用西方的价值观? 也就是说,西方的自由、民主、人权观念,或者他们极力推行的新自由主义的经济和政治观念,能使至今仍处于贫困落后的国家和地区进入先进国家的行列吗? 几乎是不可能。西方的文化观念是在西方土壤上成长的,它的自由、民主观念中的积极因素可以借鉴,但这些并非包治百病的灵丹妙药。在一个经济落后和政治制度完全不同、有着自己文化传统的国家,以推行西方的政治观念和经济观念、改变文化观念为切入点,而不是着重于符合本国情况的经济和政治改革,往往会导致更大的混乱。

究竟用什么样的历史观观察人类的前途和命运,马克思主义的观点不同于文化史观。文化的重要性自不待言,可决定人类前途和命运的并不是作为观念形态的文化,而是社会历史的走向。文化只能作为社会结构中的一个组成部分发挥它应有的作用。它是在社会的经济和政治制度的基础上起作用的,而不是游离于经济与政治之外并从外部决定社会变化的独立因素。文化中显现的矛盾本质上是社会经济和政治矛盾的折射光,它不能单独从文化自身得到解释。以文化为切入点,当代西方学者高度重视对于文化对经济和政治的作用的研究,在一定程度上拓宽了人们的视野,使人们对历史和社会问题可以进行多角度的思考。我们应该重视西方学者包括当代西方学者的研究成果,但我们并不认同他们的文化史观。

四、当代人类困境不能简单归结为文化危机

在当代,全球性问题与经济全球化共生并进。一方面,经济全球化的浪潮势不可当,科学与技术发展迅猛,跨国资本不断扩张;另一方面,全球性问题不断激化,从自然生态的恶化到道德规范和价值观念的混乱。穷人与富人、穷国与富国的差距越来越大。人与自然矛盾尖锐化导致的各种新问题严重威胁着

人类。人类生存陷入前所未有的困境。西方学者把人类生存危机看作人文危机或者文化危机。

此外，全球化问题与资本主义社会内在矛盾密不可分。西方有些学者把晚期资本主义的矛盾称为文化矛盾，认为西方社会的问题在于以个人主义为主导的文化与资本主义的经济制度和政治制度不相适应。因此，晚期资本主义的矛盾的深刻根源是文化危机。包括后现代主义文化思潮的兴起，都可以看作当代资本主义社会矛盾的一种文化回应。

文化之所以呈现危机状态，是因为它的确出了问题。这种问题只有当人们对它的世界观、价值观念和道德观念动摇或发生信仰危机时才会产生。20世纪后对文化危机逐渐沉重的感受，是传统观念大裂变的表现。人们面对西方现实矛盾的不可理解性，沉迷于私有制的神圣和西方议会民主制度的成就，无视资本主义的经济和政治的内在矛盾，从而往往把资本主义社会的矛盾归结为文化问题。尽管各派说法不一，但都把视线集中在文化上。他们或者强调由于科学技术的发展必然带来精神空间的萎缩和退化，物质生产的发展与心灵的空虚是并进的；或者强调对高消费的追求与人对私利的贪婪；又或者强调因哲学思维的错误，即主客二分而导致的对自然的无止境的掠夺。总之，人们从西方传统哲学的主客二分的思维方式分析，要解决人类的文化危机，或者抛弃传统主客二分的哲学、倡导主客一体的哲学、倡导普世伦理和所谓"普世价值"。只要强国和弱国、统治者和被统治者、富得无奈和穷得精光的人，也就是天下世人都能遵守共同的道德规范，都遵守"己所不欲，勿施于人"的黄金定律，都深信众生平等，为一切生命包括一切动物和植物争取同样的生存权利，就会天下太平，世界就会充满阳光。这种悲天悯人的人道情怀虽然令人感动，但确实也会使人迷糊，使人在面对当今现实时，弄不清问题的症结所在。

社会的发展和进步是不可阻挡的。科学在进步，人们的生活水平在提高，人们对自然的改造能力也在不断地强化。如果社会进步的代价必然如此，当代的所谓文化危机岂不是不可避免的人类噩运？任何国家如果为了避免社会工业化带来的负面影响而永远停留在农业社会岂不是万全之策吗？然而，这是不可能的。生产要发展、人类要进步，农业生产方式必然会发展为工业生产方式，这是历史发展的必然趋势，不可阻挡。后现代主义对现代化的批判，只能被看作资本主义现代化矛盾的溃烂，而不是矛盾问题的解决方式。从人类社会发展的角度来说,资本主义的现代化和工业生产方式是历史的进步,而它的消极面是历史进步所需要付出的代价。人类付出了代价,也得到了教训。资本主义现代化和工业化并不是通向社会进步的唯一道路。

既要现代化又不要资本主义化及其各种弊病是否可能?中国特色社会主义建设所探索的就是这样一条道路。资本主义发展的历史及其现代化进程,西方社会矛盾和当代全球性问题,都显示了历史唯物主义原则的正确性。对人类历史和社会发展而言,归根结底具有最终决定作用的是生产力状况以及由其决定的社会制度。文化的重要作用以及以文化形态表现出来的矛盾,不能从文化自身而应该从文化所产生的经济制度和政治制度得到科学的说明。在当代,一切所谓文化矛盾和文化危机,都有其深刻的社会根源。在文化问题背后,肯定存在引发文化危机的社会问题。

五、社会主义先进文化建设的重要性

在人类社会发展中,文化具有它的特殊作用,但在不同时代、不同社会,它的作用并不相同。就我国当代来说,文化建设具有前所未有的重要作用,因为社会制度不同、时代不同、文化建设所承担的任务也不同。文化是依存于社会又反作用于社会的精神力量,但它并不是社会发展的决定因素。我们国家是具有优秀文化传统的古老文明国家。可是丰富厚重的文化传统并没有挽救中国盛世的没落,阻止中国近百年的落后与挨打。在社会发展中具有最终决定作用的是生产力以及由其决定的社会经济和政治制度的本质。文化的作用和这一作用的大小都是与经济发展和政治状况相关联的。只有中国共产党领导的中国革命的成功,社会主义经济制度和政治制度的建立,才使先进文化的建立成为可能,使古老的文化传统再度复兴成为可能,使先进文化对经济和政治制度的能动作用成为可能。只有在变革社会经济和政治制度的情况下,历史才可能把建设先进文化的使命赋予当代中国共产党和中国人民。

从社会结构来说,我们已经建立了社会主义的经济制度和政治制度。如果说在中国近现代史上关于文化的争论,本质上是关于社会前途选择的争论,那么这个争论,随着中国革命在全国范围的胜利已基本结束。事实证明,马克思主义关于中国社会前途的选择是完全正确的。无论是中体西用还是复兴新儒学都不能在根本上解决中国的问题。

从中国近代历史看,包括中国革命史,文化问题的实践价值从来没有任何一个时期像社会主义时期这样明显,变得如此重要、如此突出。这是因为随着社会主义经济制度和政治制度的确立,处处显示出在中国这样一个经济文化落后、封建传统厚重的国家,要实现建设社会主义的宏伟目标,始终不渝地代表先进生产力的发展方向,稳定、发展和不断通过改革推进中国社会的发展,没有先进文化的参与是根本不可能的。社会主义制度自身把文化建设的重要性摆在夺取了政权的中国人民面前。

改革开放后,随着经济和政治体制改革的逐步展开,先进文化对经济与政治改革以及发展的智力和精神的支持作用日益显现。特别是社会由计划经济体制向市场经济体制、由传统农业社会向以现代信息为主导的工业社会的转变,诸多社会矛盾和思想矛盾的由隐到显、由弱到强,极其强烈地显示了以马克思主义为指导的先进文化对调整和解决矛盾、保证社会稳定、促进改革、提高全民精神素质和道德面貌的无可替代的作用。改革开始迈步时,思想理论领域出现的一定程度的某些混乱证明,没有先进文化的建设,改革开放的宏伟任务很难顺利实行。我们国家的经济和政治制度的社会性质,我们改革的性质和未来的前景,都要求我们必须同时在文化领域中坚持先进文化的前进方向。邓小平同志提出的"两手抓""两手都要硬"的建设社会主义精神文明的要求,十三届四中全会以来逐渐形成、完善和系统化的"三个代表"重要思想,其中一条就是中国共产党要始终代表中国先进文化的发展方向,这些方针都是适应并促进我们国家的社会经济制度和政治改革的需要而采取的战略性措施。

坚持先进文化成为我们党在新时期指导思想的一个重要内容,就是因为整个社会经济制度和政治制度的变化,中国共产党的执政地位及其面对的新的历史使命,赋予文化建设以新的使命和作用,使坚持什么样的文化,推动建设什么样的文化,成为执政党在思想上精神上的一面旗帜。如果说,解放和发展生产力是社会主义发展的动力,代表中国人民的根本利益是社会主义社会发展的最终目的,那么坚持先进文化则是社会主义发展的导向。没有先进文化的导向作用,社会主义就会迷失航向,可没有社会经济制度和政治制度作为支撑,单独的文化力量是无能为力的。只有在社会主义制度下,以马克思主义为指导的先进文化,才能以其特有的科学性和价值性,在与社会主义经济和政治的相互渗透中成为综合国力的一部分。

我们国家正处于历史上最好的发展时期,处于改革中的社会主义的经济制度和政治制度激活了蕴藏在人民中的活力。改革开放以来的巨大成就,已经向世界充分显示了社会主义制度的优越性。这是我们必须坚持先进文化的原因,也是先进文化得以发挥作用的社会经济制度和政治制度的保证。我们的经济制度和政治制度要求相应的文化建设,而文化建设必须有利于巩固和发展我们的社会主义经济和政治制度。我们国家的经济制度和政治制度决定了以马克思主义为指导的先进文化建设,对社会主义经济制度和政治制度的积极作用是无可替代的。离开了我们国家的现行制度,先进文化的建设的必要性就是失去了动力。

从时代来看,我们处在经济全球化浪潮不可阻挡的知识经济时代。文化与经济、政治的渗透,使文化成为一个国家综合国力的一部分,尤其是在西方某些发达国家,文化产业成为它们重要的经济支柱。这些国家通过发达的文化产业不仅获取了高额的利润,而且将其变为向世界扩大文化影响力、输出西方价值观念和政治观念的重要手段。

作为当代经济全球化浪潮势不可当、知识经济时代已经来临的社会主义中国,更要重视文化建设。我们同样要发展文化产业,使它成为重要的经济部门,在经济中占有越来越大的份额。这不单是一个经济问题,同时也是坚持社会主义文化阵地,在世界文化交流和竞争中,发挥社会主义的经济、政治和思想优势。这是当代世界的现实状况,使社会主义先进文化建设在我国社会生活中扮演重要角色;也只有经过几十年的社会主义建设的积累,特别是改革开放以来经济的高速发展和科学技术水平的提高,才能使文化借助经济和科学技术力量转化为文化产业,成为国民经济的重要支柱。

中国共产党是以马克思主义为指导思想的政党,是中国近代政党史上最具先进性的党。可党的先进性是历史的时代性的具体概念,在文化处于多元化状态、各种形态和性质的西方文化输入的情况下,代表先进文化前进方向,是中国共产党能否始终保持先进性的精神支柱。在夺取政权时,文化战线是一条重要战线,出于夺取政权的需要,必须在文化思想战线对一切腐朽没落的旧思想、旧文化进行批判和战斗。不如此,革命不可能胜利。

当代中国社会形势发生了显著变化。特别是随着改革开放的推进,多种经济成分的存在和文化多样性的现实,在市场经济条件下文化的产业化规模和文化消费市场的扩大,文化产品的经济价值的凸显,都使正确处理多种文化形态的关系,正确把握文化发展的方向,文化及文化产品的社会效益与经济效益的关系,成为对市场经济条件下处于执政地位的中国共产党和各级领导所面临的一种新考验。在市场经济条件下,文化产业可以成为巨大的经济收入来源,从而加大了牢固树立马克思主义在文化市场的指导地位、把握文化前进方向的难度。对处于执政地位的中国共产党来说,在文化领域中坚持什么,反对什么,是在改革开放条件下能否保持先进性的重要方面。

马克思主义的社会主义是包括追求社会共同富裕和社会与人的全面发展的社会。先进文化建设是其不可分割的重要组成部分,它包含在物质文明、政治文明、精神文明协调与和谐发展的要求之中。我们不可能设想没有以马克思主义处于主导地位的文化的高度发展,没有与社会主义法律规范相协调,与中华民族传统美德相承接的社会主义思想道德的建设,没有科学、教育和文化事业的繁荣,仅有较高的国民经济产值怎能被称为社会主义的小康社会?没有先进文化对经济和政治的渗透,生产力中的科学技术含量的提高和经济持续增长都是不可能的。没有先进文化的建设,要培养一代又一代有理想、有文化、有纪律的公民,逐步实现人的全面发展是永远无法实现的乌托邦。这样的小康社会只能是空中楼阁。

实现中华民族的文化复兴不单单是一个文化问题,它必须依靠社会主义的经济制度和政治制度。中国是世界著名的文明古国,具有悠久的文化传统。可是,只有在中国革命获得胜利,中国历史文化中的积极因素才逐步得到发挥,并成为培育民族精神的丰富养料。一个在经济上受剥削、政治上受压迫的民族,在文化上同样是受压迫的。因此,一个民族的经济和政治的解放,必然也是文化的解放,使长期被压抑、被淹没、被遗忘的内容重新被世界认识和赞赏。社会主义时代的中国的孔夫子不同于旧中国的孔夫子,就是因为当代中国不同于历史上的旧中国。一个民族的优秀文化的没落和中断,最根本的就是这个民族的没落。历史上为数不少的文明古国和曾经辉煌一时的文化湮没无闻,都是由于生产力发展的停滞和国家的逐渐衰败。在当代中国,先进文化的建设应该力求与经济和政治建设协同进行,而先进文化建设同时也是复兴中华民族历史文化的必经之路。因为文化传统中的优秀遗产,只有在民族文化的延续和重建中才能得以发扬光大。

在当代中国,文化的重要性是不言而喻的。但是,我们同样清楚,只有一个稳定和不断发展的社会主义制度，只有经济发展和政治清明，才能使先进文化的建设和坚持先进文化前进方向成为可能。如果不理解文化的社会制约性，文化建设就会因失去强化社会主义经济制度和政治制度的积极作用、失去经济的强力支撑和政治的制度性保证而流为空谈。可是，如果不重视文化在思想理论上的先导作用，就会阻碍经济和政治的发展。我们应该记住一个简单真理：文化不能空洞化，文化的内容永远是社会的；文化不能虚无化，它以一种无形的所谓软力量不断影响社会。只有在与经济和政治的相互作用中，只有与硬力量即经济与政治军事实力相结合，这种软力量才能显示它的意义和价值。但文化并不是终极原因，也不是解释一切问题的万能钥匙。文化的力量及其在不同社会中的作用归根结底必须从社会自身得到解释。因此，能否正确理解经济、政治和文化的相互关系，答案是大相径庭的。

我们高度重视文化的当代价值，但要防止文化决定论，不能把一切社会问题归因于文化，一切求于文化，而应该对文化的作用、意义及其社会制约性作出历史唯物主义的解释。越是坚持历史唯物主义，就越能正确理解文化的作用和价值。对文化作用的正确理解，关键是科学地理解社会结构，从经济、政治、文化的关系及其相互作用中把握文化的作用。毫无疑问，文化是社会发展的重要因素，但不是社会发展的决定因素。这是我们应该坚持的一条基本原则。

第二章

正确认识文化自信

第一节　文化发展与文化自觉、文化自信

在人类文明史上,广阔的中华大地上孕育出了优秀的历史文化,造就了5000多年来世界上唯一没有间断过的中华文明,在克服艰难险阻中彰显了自身的优越性。罗素曾说:中华文明是唯一从古代存留至今的文明。① 1840年以后,中国社会被迫打破循环运行模式,踏入现代化线性的发展模式之中。但在马克思主义思想传入中国以后,中国共产党人结合我国的国情,在艰苦的革命实践中重构了中华优秀的历史文化,创造出具有中国特色的优秀革命文化,实现了马克思主义的中国化,并取得了新民主主义革命的胜利,使中国人民从此站了起来,又使中华民族逐渐重新回到文化自信的轨道上。中华人民共和国成立后,在中国共产党的领导下,全国各族人民积极探索社会主义建设和现代化之路,取得了举世瞩目的成就。特别是通过40多年的改革开放,我国成为世界第二大经济体后,加速从世界的边缘走向世界舞台的中心。中国由过去被动遵守国际秩序和规则逐渐转向参与制定和主导国际规则。中国在向世界贡献经济和科技成果的同时,必然向世界传达与彰显我国的文化与价值。因此,在新的时代背景下,文化的重构与振兴,强调文化自信,不仅是全民族文化建设和价值追求,也是推进实现全面建成社会主义现代化国家、开启社会主义现代化国家建设新征程的重要力量,更是中华民族对世界与时代发展担当的回应。

中国社会主义现代化建设的伟大成果,特别是改革开放以后的飞速发展,

---

① 罗素.人类的知识:其范围与限度[M].北京:商务印书馆,1983.

是在全球化背景下对机遇的精准把握、对挑战的不断战胜的过程中取得的。然而，全球化趋势使世界各民族之间的交流越来越频繁，各文化之间的融合也越来越深入，文化的自我认同的问题越来越凸显，自我与他人之间的界限越来越模糊，自我认同越来越艰难，"我是谁"已不再是一个可以简单回答的问题。这一问题的出现，对于国家文化甚至整个社会的发展提出了新的挑战。在此过程中，许多发展中国家在全球化中逐渐失去了自我，其文化完全被西方殖民，形成了亨廷顿笔下"文化上的精神分裂症"，无所归依的民族文化心态导致发展举步维艰。文化上的精神分裂将导致民族心理上的分裂，这无疑是一个国家、民族发展的最大悲哀。文化的本质是人的精神意识和情感之间的联系，这种联系总是通过相应的形态表现出来，构成千差万别的文化形态和内容。民族文化是民族心理的外化，同时作用于民族心理。"自我"的消失本质上基于文化自卑，文化自卑或文化精神分裂因失去方向与动力导致民族与国家的"自我消失"，无法在世界之林立足。只有找回自信、重塑自信，才能建立适应时代发展变化的民族文化心理。"欲人勿恶，必先自美，欲人勿疑，必先自信。"只有对自己的文化有坚定的信心，才能获得坚持坚守的从容，也才能鼓起奋发进取的勇气，让文化自信转变为创新创造的活力，在自信的文化实践中实现文化的发展，在发展中造就与强化自信的民族心理和文化心态。因此，文化自信是中国特色社会主义最根本的自信，是实现中华民族伟大复兴的道路上必须强化的自觉心理和坚定态度。

文化自觉是文化自信和文化发展的前提。人是有文化的动物。文化及文化现象成为各民族之间的自我标识，是民族自我认知和认同的依据。民族之间的互动，根本上是文化之间的交流与融合。在国家、民族之间的交往中，文化扮演着最为根本、最为基础、最为核心的角色。无论是经济的发展还是政治制度的建构，都以相应的文化环境为基础。文化发展成为民族发展的集中体现，在为社会的发展带来工具性价值的同时，更为重要的是强化民族自我认同的内在价值。文化的内在价值，是民族自我认同的核心，是在全球化背景下避免民族文化分裂从而导致民族心理分裂的核心内容。文化是支撑一个民族存在的核心基础及精神动力，是一个民族凝聚力的核心来源，是一个民族的灵魂，没有自己文化的民族是一个没有灵魂的民族，因此文化对于民族与国家来说具有基础及核心意义。人类的发展历史告诉我们，一个国家无论看上去多么强大，如果没有统一的文化认同,迟早会分崩离析。

一个民族即使处于分裂状态,但只要有共同的文化心理,便拥有强大的内在凝聚力及绵延不断的发展动力。古埃及和古巴比伦由于没有统一的、共同认可的文化及其民族心理,即使一时建立起了幅员辽阔的庞大国家,最终也都土崩瓦解。而犹太民族的历史遭遇给予我们的启示,只要有共同的民族认同与文化心理,即使颠沛流离,饱经沧桑,其文明也能经受住各种严峻考验,延绵不绝,生生不息。因此,从长远发展的视角来看,文化关乎一个民族与国家的生死存亡。在全球化背景下,各国特别是非西方国家的文化建设将是确保其民族存在的最根本性的建设任务。

文化建设与文化发展必须基于文化自觉。文化自觉在著名社会学家费孝通先生看来,就是文化自知,是人们对其文化的"自知之明",自知之明是为了加强对文化转型的自主能力,取得决定适应新环境、新时代的文化选择的自主地位。通过明晰各民族的文化由来、形成、实质及其发展趋势达到文化自觉,这是一个浩大而艰巨的工程。这一工程需要全社会长时间地参与其中,从实践中反思、调试和验证,动态地在历史实践中实现。

文化自觉的首要任务是构建民族文化的主体性。只有具备一定程度的主体性,才能形成民族的自我认知和强化民族的自我认同,也才能避免在全球化的冲击中形成分裂文化和民族心理,甚至是在西方文化的侵入中完全被西方文化同化,致使"自我"消失。文化的主体性是在社会实践和民族发展的过程中动态凝聚和强化生成的,是对本民族的认知和认同,也是在实践中的民族自我生成。

具体来说,文化主体性的建构,需要"知彼知己"。对自我的认知要借助他者之镜才有可能实现,否则我们无法关照自身。理论上看,他者之镜主要通过时、空两个维度获得。从历史来看,文化的演变和发展的动力也主要来自时、空两个维度:一是各地区、国家、民族内部文化的传递、演变和发展;二是通过各地区、国家、民族之间的交流互动,在文化的交流融合中进行演进与变迁。可见,他者的"文化之镜"是通过自我不同历史阶段文化内容的反照和与外来文化的比对,从而激活自我文化意识。自我文化在不同的历史时期、在不同区域本土化的不同面向和不同的外来文化中构成文化自觉的"他者之镜"。在实践中,要真正做到"知己知彼",将可能面临"进不去"和"出不来"的问题。

"进不去"是指由于受到自文化的认知结构的影响,无法真正理解他文化的内容与意义;"出不来"则是指由于人们长期浸淫在自文化之中,而对自文化的形成无意识化。那么,在文化自觉的过程中,就要通过他者的"文化之镜",反照自身,努力通过"进得去"和"出得来"的实践策略,跨越"进不去"和"出不来"的困境。"进得去"是指在与外文化接触的过程中,能够努力了解外来文化,甚至是进入外来文化之中,对外文化的精华与糟粕予以辨别,从而能做到"知彼"的目的;"出得来"是指在认知自文化的过程中,要能够将因文化内化变为潜意识的文化内容,激发到意识层面,把自我放在客观的位置进行文化认知与考究,通过这一进程,达到"知己"的目的。"知己"与"知彼",都是在社会历史实践的过程中逐渐达成的,而非一蹴而就。从文化自觉的层面来看,"知彼"是为了更好地"知己",在文化自知的基础上,进行文化主体性建构,为文化建设提供基础条件。

文化自信是文化自觉历史实践的结果,是文化发展的持久动力。文化在人类生产实践的过程中产生,在生产实践中体现。文化发展的内容必然通过各民族的经济、政治及文化自身的实践过程体现出来,并在实践的过程中强化,也在实践中变迁。经济、政治及文化自身的实践与发展,在与他文化或民族交往展现的过程中,会逐渐形成相应的文化心理。经济、政治和文化的实践,在全球化的平台上,体现出竞争化操作,其竞争结果将作用于各民族的心理,影响文化与民族的自我认同。在全球化的经济、政治及文化自身的竞争实践中,与他文化相比处于优势地位,可以从两个方面形成文化自信和民族自信心理:一是由竞争结果直接导致胜者的自信心态;二是通过平等交流互动,获得他者的认可与认同,来获得文化自信心理。反之,在同样的作用机制下,则造成自卑的文化气质和心理。由此可见,文化在生产实践中产生,也在实践中实现,并在依附于实践的过程中进行展现。只有在竞争实践中占据优势,才会逐渐形成自信的文化心态和民族气质,并获得文化主体性,从而在民族交流与互动过程中,获得文化主体话语权。文化主体性的建构与获得,为文化自信实践奠定条件,也为文化的发展提供了操作性基础。

文化主体性地位的建构是在现代社会快速推动中提出来的。在起源于西方的现代性社会快速向全球推进的过程中,非西方国家的文化在现代化这一浪潮中面临巨大的挑战和失去自我的风险。在长达一个多世纪的探索中,我国近代以来同样也遭遇过这种风险。近代中国在与西方接触的过程中,由于将科学技术的落后归因到文化的内容上,形成了文化自卑的文化心态和民族心理,这无疑是消解文化主体性的行为。到了 20 世纪 90 年代,费孝通先生再次提出以建构文化主体性为目的的文化自觉,更具有深刻的时代与现实意义。21 世纪的中国已不再是 100 多年前的国家。在中国共产党的领导下,坚定不移走社会主义现代化建设的道路,快速推进其现代化进程,从世界的边缘日益走向世界舞台的中心。如果我们不能彻底摆脱文化自卑,不能形成文化自信的民族心理,将严重影响我国在国际舞台上发挥的作用,从深层次上影响我国的现代化进程。所以,在新时代的要求下,强调在文化的主体性建设基础上的文化自觉自信,具有非常深远的实践意义和建设价值。

进一步看,于文化自觉的基础上,在实践中对文化的主体性进行建构,不断强化和形成自我的文化认同,可以逐渐摆脱文化自卑,构建起真正的文化自信。经济发展带来社会转型,社会转型的核心内容则体现为文化转型,从对原来文化的"离异"到更理性的"回归"。对此,著名历史学家章开沅教授认为,这种文化上的"离异",首先表现为模仿、学习与趋近西方近代文明,这里的"回归",则主要表现为从历史文化中寻找本民族的主体意识,以求避免被暂时先进的西方文明同化。就近代东方国家而言,"离异"主要表现为趋向于西方近代文明对历史文化的暂时脱离,从总体上说是进步的历史潮流。但在此过程中,由于强弱贫富差距悬殊,很容易产生民族自卑感。因此,在我国现代化过程中,要处理好"离异"和"回归"的关系,"离异"与"回归"要适度,"离异"不可无根,"回归"不可返古。

正因如此,中国人民在经历改革开放、坚定不移走中国特色社会主义道路,彰显中国道路为世界各民族与文化发展做出的新贡献之后,才得以加快建立起基于中华历史文化的新时代的文化自信。

文化自信是在社会、历史实践过程中,逐渐形成的一种文化心理和民族气质。在"四个自信"的理论框架中,文化自信是在中国特色社会主义现代化建设道路的坚持中,并在对社会主义现代化的建设的理论和制度自信的基础上逐渐形成。可以说,文化自信是在道路自信、理论自信和制度自信的实践中逐渐形成的一种文化心态和民族气质。道路自信、理论自信和制度自信构成了文化自信的实践机制,也是文化自信的核心内涵。同时,文化自信进一步促进了道路自信、理论自信和制度自信的实践,它们之间是相互促进、相互生成的关系。在现代化建设中,文化自信与道路自信、制度自信、理论自信一起,共同构建与丰富中国特色社会主义的理论与实践。

文化发展是文化自觉与文化自信实践的历史发展方向。文化发展在文化自觉与文化自信的实践过程中得以实现,文化自觉与主体性建构及文化自信,是通过文化发展表现出来的。文化自觉、文化自信与文化发展构成相互促进与发展的循环机制,即在文化自觉自知的基础上,对文化的主体性进行建构。在此过程中,对传统和外来文化进行文化自省和认知,对糟粕与精华进行鉴别,从而保留并弘扬历史文化中的精华,同时汲取他文化中的精华,并将其与历史文化相融合,在实践中加以实现,最终促成文化的健康发展。文化发展是在文化自觉和文化主体性的建构过程得以实现与体现的。文化的发展使文化能够适应时代变迁,并在变迁中获得文化认同。在适应时代要求的文化发展过程中,逐渐形成文化自信的文化心态和民族气质。文化自信既是一种孜孜以求的过程,也是文化实践的最高状态,在文化实践中生成,在文化实践中展现。文化自信为文化自觉与文化发展提供动力,形成更高层次的自信,也即文化自信通过文化自觉与文化发展进行自我强化、自我生产、自我提升。由此,文化自觉、文化发展与文化自信呈螺旋式循环发展,互为条件,互为支撑。

从历史经验来看,三者之间的这种螺旋式循环发展并不是匀速进行的,它呈加速运行趋势。随着现代化对效率的追求,精确的时间观念成为现代社会所追求的理念,现代社会的运行速度越来越快,从而致使现代社会特别是后现代社会中的变化成为绝对的律令。正如马克思所说,在现代社会中,原来确定的、坚实的事物都烟消云散。一切事物都呈现鲍曼眼中的流动性,并且流动的速度越来越快。在这样的社会运转中,能够站立的事物越来越少,站立的时间也越来越短,最终形成一种如贝尔所说的现象,现代社会的快速运行仅仅追求的是一种即时的、瞬间的冲动与震撼,最终现代社会就如一只倒空的碗,没有留下任何东西。

在这种快速流动的现代社会中,人们失去了赖以依附的安全根基,焦虑成为弥散在现代社会中人们内心挥之不去的阴霾,致使物质的发达与文化的空虚成为现代社会突出的特征。在此趋势下,文化发展的循环速度也越来越快。一方面,流动的现代性为文化建构提出了严峻挑战,现代社会的更新速率越来越快,社会中能够站立或沉淀的事物越来越少,在此背景中去追求确定的、稳定的、实在的文化因素,并对他文化的要素进行类似的认知与建构,实属不易。社会越来越快的螺旋式循环的发展模式,对现代文化主体性的建构与文化自信的培养都提出了挑战。另一方面,在高速流动的现代社会中,人们安全感缺失,其心灵失去了归依的对象,"自我"认同出现困难,这种心灵危机为文化自信的建构提供了现实可能。

总体来看,以文化主体性建构为目的的文化自觉是基础,由文化自觉实践的过程体现出来的文化发展是过程,在文化主体性建构和文化发展的过程中逐渐形成的文化自信是动力和结果。反过来,文化自信是文化建设过程的动力,也是文化建设的终极目标。从我国的历史来看,文化自觉是文化自信的前提,具体表现为在中国共产党领导下的民族和国家在文化上的觉悟和觉醒,包括对文化在历史进步中的地位作用的深刻认识,对文化发展规律的正确把握,对发展文化历史责任的主动担当。

在中国共产党领导下的社会主义建设与现代化实践,使文化自觉体现为一种内在的精神力量,表现为对自身文化在觉醒自知基础上的强烈反省与批判精神,并在批判与反省中探寻新文化、新文明的建构之路,使文化自省精神构成推动文化繁荣发展的先决条件,建构文化自信的推动力量,体现为文化自信的更高层次。中国共产党在深刻理解我国历史文化精髓的基础上,对马克思主义进行中国化改造,领导全国各族人民进行新民主主义革命和社会主义建设、推进现代化实践,使中华民族逐渐脱离文化自卑、文化盲从,在历史实践的过程中建立起文化自信。进入新时代,在"站起来""富起来"之后,实施"强起来"的战略,将不断充实提升中华民族的文化自信,进而实现现代文化意义上的真正的文化自强。

第二节 中华文化自信的基础:资源、价值与独特标识

一、中华文化自信的宝贵资源

(一)作为文化自信之根的中华历史文化

中国历史文化历史悠久,冯友兰在其两卷本《中国哲学史》中,将中国传统的思想文化以董仲舒"罢黜百家,独尊儒术"的实现为界,划分为"子学时代"和

"经学时代",①这一划分的依据是封建社会"大一统"的意识形态的确立,融合了墨、道、法、阴阳各家的儒家学说。具体来看,历史文化在思想学术方面表现出特色鲜明的时代特征:先秦诸子百家,秦汉黄老之学,两汉经学,魏晋玄学和佛教学派、道教宗派,隋唐宗派佛学,宋明理学,清代朴学。自董仲舒之后,先秦儒家学说在后世儒者的继承和发展基础上,成为传统社会中的主流意识形态,对于维护大一统的政治局面,对于个人的道德修养,对于改善社会的治理和维护社会的和谐,起到了非常积极的作用。

具体而言,儒家思想在基本价值观上始终关注现实人生和社会,表现出一种理性主义的精神。孔子主张"未知生焉知死"并且不语"怪力乱神",表明儒家思想自孔子开始,就将眼光放在现实的生活方面,既以现实的社会人生为研究对象,又以改善现实的社会人生为归宿。现实社会人生的价值取向,使得儒家特别关注两个向度:一是个人的伦理道德修养,即"修身";二是天下太平的理想,即"治世"。这两个向度基本上囊括了儒家的学术宗旨。在此基础上,儒家又发展出一套个人道德修养的具体方法和社会伦理道德规范,虽然在传统社会中儒家思想所维护的是统治阶级专制统治和意识形态,但是儒家所提出的修身和治世的具体方法在当今社会仍然具有启示意义。具体而言,"自省""慎独""乐天知命""变化气质"等修养方法有助于完善个体的道德人格,"富之、安之、教之""礼教""乐教"等治世方法有助于维护社会的和谐安定。在儒家思想体系中,还提出了许多具有现代价值的思想,如"自强不息,厚德载物"的理念、"制天命而用之"的能动地改造自然的思想、"民胞物与"中天人和谐的观念、天下为公的"大同社会"理想等。这些思想和理念可以为人们认识和改造世界提供有益启迪,可以为治国理政提供有益启示,也可以为道德建设提供有益启发。对历史文化中适合调整社会关系和鼓励人们向善的内容,我们要结合时代条件加以继承和发扬,赋予其新的含义。

中华历史文化不仅塑造着中华民族的精神、推动着中华文明的发展,也对世界文明的发展产生了积极的作用。中国古代的"四大发明"对世界文明的进步的推动作用众所周知,马克思曾对中国的三大发明作出过高度评价:"火药、指南针、印刷术——这是预告资产阶级社会到来的三大发明。火药把骑士阶层

① 张荫麟,冯友兰.中国哲学史:下卷[J].清华大学学报(自然科学版),1935(3):719-727.

炸得粉碎,指南针打开了世界市场,而印刷术变成新教的传播工具。总的来说,变成科学复兴的手段,变成对精神发展创造必要前提的最强大的杠杆。"明清以来,许多来华的耶稣会士带着传教的使命来到中国,为了更好地了解中华民族的信仰和风俗等状况,他们也将中国的传统学术,如儒家、道家的经典译介到西方,16世纪以来东西方文化的交流,是近代世界文明史上的大事。朱谦之对中国物质和精神文明为西方社会带来的变革有过概括:"13世纪至16世纪中国的重要发明,以蒙古人与阿拉伯人为媒介,其所传播的中国文明实予欧洲文艺复兴之物质基础创造了条件。而16世纪以来耶稣会士来华传教,其所传播之中国文化,则实予17、18世纪欧洲启明运动创造了思想革命的有利条件。"不论16世纪之后西方的思想界对于中国儒家思想的理解是否允当,总体上看,西方的思想界将儒家思想视为除古希腊传统理性来源外的又一理性主义来源,中国的儒家思想对于西方近代社会的启蒙乃至资产阶级革命,都起到过理论上的先导作用。在现代社会,儒家思想依然有其强大的生命力和积极意义,儒家所提出的伦理道德观念、以人为本的管理思想、"亲仁善邻"的和平愿望等,对于解决一些全球性问题等,都有十分重要的启发作用。

(二)作为文化自信之魂的红色革命文化

红色革命文化,是中国人民在中国共产党的领导下同西方列强及国内各种反动势力作斗争的过程中所创造的文化,它以马克思主义为指导,以争取民族独立和人民解放为主题,是极具中国革命特色的先进文化,其中蕴含着丰富的革命精神和优良的革命传统。红色文化,作为中国共产党领导广大人民群众在革命实践和建设中所形成的先进文化,从形态上看,是以革命精神为核心的物质文化、精神文化和制度文化的统一体。物质形态的红色文化主要指红色文化教育及传承红色文化的物质媒介和载体,主要包括有历史价值的博物馆、纪念馆、展览馆、烈士陵园和文献资料等;精神形态的红色文化主要指中国共产党在带领全体人民进行社会主义革命和建设过程中所形成的崇高精神、优良作风、革命传统、革命精神等,包括井冈山精神、长征精神、抗战精神、抗美援朝精神等,这些革命精神是红色文化的核心;制度形态的红色文化主要是指党在革命和建设过程中所形成的理论、路线、方针、政策等。红色文化的形成,源于中国共产党带领中国人民在革命和建设实践中所进行的探索,也离不开马克思主义的指导和对历史文化的创造性转化。

红色革命文化的形成,是将马克思主义与中国革命实践相结合的过程。中国共产党人准确地把握了马克思主义的实践品格,在深刻分析中国国情的基础上,得出了中国是半封建半殖民地社会的论断,在这样的社会条件下,中国革命的任务在于推翻"三座大山",即帝国主义、封建主义和官僚资本主义的压迫。中国共产党领导人的科学决策,指导中国革命取得了胜利,改变了半殖民地半封建的社会性质,最终建立了社会主义社会。马克思主义对红色革命文化形成的影响,还决定了革命文化的无产阶级性质。毛泽东同志指出:"要使文艺很好地成为整个革命机器的一个组成部分,作为团结人民、教育人民、打击敌人、消灭敌人的有力的武器,帮助人民同心同德地和敌人作斗争。"

红色革命文化的形成,也是继承和发扬历史文化的过程。中国共产党人在带领中国人民进行革命和建设的过程中,也自觉继承和发扬了优秀的历史文化,如"自强不息,厚德载物"的奋斗精神、"天下兴亡,匹夫有责"的担当意识、"杀身成仁,舍生取义"的牺牲精神、"鞠躬尽瘁,死而后已"的奉献精神、"国而忘家,公而忘私"的无私精神等。这些历史文化中的精华,在中国人民的革命实践中,铸就了井冈山精神、长征精神、延安精神、西柏坡精神等具有时代特征和民族特色的革命文化精神,成为指引中国革命走向胜利的精神财富中的一部分。

红色革命文化对于指明中国革命的奋斗方向,对制定中国革命的纲领和方针,对激励中国共产党人和革命群众等起到了积极的作用。中国共产党在领导中国革命的过程中以马克思主义为指导、结合中国革命实践、继承历史文化而形成的红色革命文化,不仅对中国新民主主义革命和社会主义革命的成功起到了积极推动作用,同时是一笔宝贵的精神财富,在社会主义建设事业中也必然具有积极意义。中国特色社会主义进入新时代,传承和弘扬红色革命文化,必然会获取社会主义建设事业不竭的精神动力。

(三)作为文化自信之本的社会主义先进文化

中国特色社会主义先进文化,是以马克思主义为指导,以中国改革开放的实际为依据,包括社会主义核心价值观和价值体系等内容,以面向现代化、面向世界、面向未来,民族的、科学的、大众的为特点的社会主义文化。中国特色社会主义先进文化,首先是对中华历史文化及红色革命文化的继承和超越。中国特色社会主义文化,要与历史文化、革命文化有一脉相承的继承性,同时要具有时代的超越性,是历史性和现实性的统一,要有中国特色,能够体现中国国情,还要有世界性,是民族性与世界性的统一。

社会主义核心价值观是社会主义先进文化的核心内容。党的十八大从三个层面提出了社会主义核心价值观:富强、民主、文明、和谐——从国家层面提出了建设中国特色社会主义的理想和目标,自由、平等、公正、法治——从社会层面提出了实现社会主义现代化的理念和途径,爱国、敬业、诚信、友善——从个人层面提出了社会主义现代化国家个人的价值追求和品质。一个国家、民族的核心价值观和价值体系对于社会的发展意义重大,社会主义核心价值观的提出,使中国特色社会主义建设的目标和方向更加清晰,方法和途径更加明确,它不仅增强了中华民族的凝聚力,也提高了中国人民建设中国特色社会主义的信心和底气。从世界范围来看,社会主义核心价值观既是中国特色社会主义的核心内容,又是中国特色社会主义的价值体系,体现了中国特色和中国气魄。它强调,建设中国特色社会主义文化,就是要"努力传播当代中国价值观念","努力展示中华文化独特魅力","努力提高国际话语权",充分揭示了中国特色社会主义文化自信的途径和意义。

中华历史文化、红色革命文化、社会主义先进文化是"文化自信"的三大基础,是中华儿女在不同历史时期的智慧结晶。这三大文化虽然是不同历史时期的智慧创造,但它们都深深根植于人民之中,同时为最广大的人民服务:中华历史文化立足于人的修养,旨在提高全体民众的道德水平和素养;红色革命文化则立足于人的解放,旨在改变人民受剥削受压迫的地位;而社会主义先进文化立足于人的幸福,旨在满足人民日益增长的物质文化需要,为社会主义现代化建设提供精神动力和智力支持。这三大文化的人民向度,是它们成为文化自信基础的灵魂与核心。

二、中华文化自信的价值和独特标识

中国是四大文明古国之一,中华文化起源甚早。在中华文明起源的问题上,曾经有各种形形色色的"西来说",随着考古学的最新发现和考古学家的努力,形形色色的"西来说"被推翻,新的考古发现雄辩地说明,中华文明并非由外来文明演化而来,而是一种自生的文明。中华民族是个古老的民族。在中华民族形成和发展的历史上,既有民族融合时的阵痛,又有外来民族侵入时的生存危机,但中华民族总是以其顽强的精神和不竭的创造力屹立于世界的东方。

世界文化在发展的过程中,之所以筛选、保存了中国文化,是由中国文化的包容性、融摄性所决定的。这种融摄性体现在两个方面：一方面是中华民族内部的中原文化和少数民族的文化相互融摄，发展出具有包容性和开创性的中华文化；另一方面是中华文化对外来文化的融摄，是一个将外来文化不断"中国化"的过程。

（一）天下情怀的博大胸襟

儒家是中国传统社会的主流意识形态。《礼记》提出了"天下为公"的"大同世界"的理想。① 近代康有为也在《大同书》中提出"人人相亲、人人平等、天下为公"的理想世界。"大同世界"的理想既表现为"大一统"的观念，又表现为"协和万邦"的理念。尽管中国封建社会的历史分分合合，但"大一统"的观念随着儒家主流意识形态的确立而逐渐深入人心，中国人民要求和谐与统一的愿望越来越强烈。因此，即使在近代中华民族遭遇了前所未有的民族危机，中国人民依然能够不屈不挠，在中国共产党的带领下进行了艰苦的革命斗争，避免了亡国灭种的危机，也维护了国家主权与领土的完整，并且在社会主义先进文化的指导下努力为全面建成小康社会而奋斗。大一统的观念发展到今天，表现为中国人民强烈的爱国主义精神。"大同世界"的理想运用到国际关系上，就是要使各个国家之间和平相处、互惠互利。中国自古以来就是爱好和平的民族，中国古代的丝绸之路，就是为了促进和少数民族及其他国家的经济、文化交流，中国在明代进行的海上活动，其目的也不在于对其他民族和国家的征服，因此中国的发展是和平的发展，是以天下太平为目的的发展。如今的中国特色社会主义建设，不仅是为了中华民族的伟大复兴，同时是为了世界的和平与发展。不论是"一带一路"倡议，还是"人类命运同体"概念的提出，除了强调中国的发展与世界的发展的统一性外，更加强调中国的发展对于世界和平与繁荣的重大意义。

（二）经世致用的理性精神

儒学自孔子开始，就非常关注现实世界，对于人类经验之外的世界持"存而不论"的态度，儒学最注重的就是活生生的现实世界，因此改造现实世界、实现天下太平、天下大治是儒家的理想。对于传统的知识阶层来说，明德修身、经邦济世是最高的追求。自先秦开始，儒家文化就表现出一种理性主义的倾向。近代以来，面对半殖民地半封建的社会状况，中国人民在中国共产党的领导下进

---

① 王文锦译解.礼记译解.下[M].北京:中华书局,2001.

行了艰苦卓绝的斗争，终于实现了民族的独立、维护了国家的主权。在社会主义三大改造之后，党带领全国人民进行了不断的探索，目的就是将中国建设成为发达的社会主义国家，从而促进社会的和谐与人的全面发展。无论是构建社会主义和谐社会，还是全面建成小康社会，都表明我们党要建设一个美丽中国，以满足人民不断提高的生活需要，这也正是我们的文化重视现实生活和社会的表现。

(三)兼容并蓄的和合精神

中华文化的和合精神表现在强大的包容性，中华文化曾经有"夷夏之防""夷夏之辨"的文化优越主义倾向，这种倾向来自精耕农业基础上产生的农耕文明。从历史发展的角度来看，农耕文明确实在很长的历史时期居于领先的地位。文化优越的心态，并未造成中华文化故步自封，中华文化之所以辉煌灿烂，就在于其博大的胸怀和很强的融摄性。中华民族发展的历史，就是一部民族大融合的历史，在民族融合的过程中，既有汉民族的"胡化"，也有少数民族的"汉化"，从经济到政治再到文化、习俗各个方面，中华民族逐渐融合成统一的多民族国家。清末，中华民族遭遇了空前的民族危机，但是中华文化的包容性，促使中国人民积极地反思传统、学习西方，最终在中国共产党的领导下找到了马克思主义这一真理性认识，马克思列宁主义和中国具体国情的结合，诞生了毛泽东思想、邓小平理论等指引中国革命和建设的指导思想。在新的历史时期，这一融通的主要内容和宗旨是，要善于融通马克思主义的资源、国外哲学社会科学的资源，坚持不忘本来、吸收外来、面向未来。

(四)以民为本的人民向度

中华文化特别重视"以民为本"，早在西周时期就发展出重视民心和民意的"民本"思想，西周的统治者有鉴于殷商的灭亡，提出了"敬德保民"的口号。此后，"民本"思想在儒学中得到继承和发展。孟子特别强调以民为本，将君和民视为相互有道德义务的两个主体，甚至将无道的君主视为"独夫"和"民贼"。张载更提出了"民胞物与"的命题，将民众视为自己的同胞，将天地万物视为与自己同体的存在。以民为本的思想为中国共产党所继承和发扬光大，并在新时代赋予了其新的内涵。中国共产党人将人民的利益作为自己最高的追求，将"全心全意为人民服务"作为自己的宗旨。新民主主义阶段，中国共产党的奋斗目标是实现人民的自由和解放，同时将人民看作实现革命胜利的可靠保证，"群众路线"就是我们党不断实现奋斗目标的三大法宝之一。社会主义建设时期,中国共产党的目标是保证人民当家做主的权利和实现对于人民生活的改善。

第三节　文化自信的现实功能

一、文化自信源于文化自觉及其功能衍生

任何社会都是多元力量的有机构成,行动者在多元社会力量的形塑下有多元品质或特征,行动者的主观界定不是私人性的,它是以社会共识和社会协商为基础,认同必然带有共识协商性,或者说任何认同也都是社会认同。作为社会性动物,人总是需要遵循一定的价值规则而与其社会成员和谐相处,文化在人的社会生活中起到凝聚社会共识、规范人们言行的价值功能,它可以理解为个体对社会界定其群体成员资格的认同与遵循。

自信源于自知,文化自信首先需要一种文化自我认知,自我认知基础上的文化自觉是形成文化自信的主观条件。文化是人们对于社会体系及其各个部分的态度,文化被内化于该社会成员的认知、情感和评价之中,文化表现为一种社会体系的主观心理部分,是社会行为的基础。费孝通先生曾经指出,文化自觉是"多种文化接触中引起人类心态的迫切要求""文化是人为的……它是依靠被吸收在群体中的人们所共同接受才能在群体中维持下去"。文化具有认知、情感和评价三种功能取向。按照阿尔蒙德和维巴在《政治文化》中的理解,所谓"认知功能",是指"关于社会体系、体系的各种角色以及这些角色的承担者、体系的输入和输出的知识的信念",所谓"情感取向",是指"对于社会体系、体系中的各种角色、人员和活动的情感",所谓"评价体系",是指"对于社会对象的判断和见解,这些判断和见解涉及知识和情感的价值标准与准绳"。一个社会的文化功能在于赋予该社会系统以价值取向,规范个人的社会行为,使社会系统保持一致。一个国家、一个民族如果对自身既有、传承、创造、发展的"文化的地位作用、文化发展的矛盾关系、文化自信的使命责任"等基本文化认知茫然无知、缺乏感悟、无法认同,则或因愚昧而受到文化盲目力量的支配和奴役,或因"文化自虐"而"不足以备使命"。

文化自信在深层次上是价值自信,价值自信的最高形式是理论自信。理论自信与文化自信既有区别又有联系,理论自信规约着文化自信,文化自信包含

着理论自信。马克思说:"'价值'这个普遍的概念是从人们对待满足他们需要的外界物的关系中产生的。"文化作为价值,是一种选择取向,反映了人类的需求、欲望,以及实现这种需求、欲望的方式和态度。无论是马克斯·韦伯高度重视观念和文化在社会创造中的作用,还是涂尔干突出的强调文化、符号和仪式对维系社会所起的重要作用,抑或是帕森斯将社会成员所共同具有并得以传播的基本价值观念和规范视为构建社会的关键性因素,无不印证了马克思主义的一个基本观点,即真理为人类文明提供了指导,更为人类社会提供了前进的动力。新时代的文化自信源自我们对马克思主义理论的自觉与坚持。马克思主义是人类历史上最值得信仰的理论体系,其原因就在于它是真理,它所提供的科学的世界观和方法论是我们认识世界、改造世界的立场、观点和方法,是我们把握人类社会发展规律,明确人类社会未来形态的理论依据,是我们了解人生、确立目标的科学基础,是中国革命、建设和改革的思想与行动指南。马克思主义信仰的确立是人类思想史上一次伟大的革命性变革,认识、掌握、捍卫、追求马克思主义信仰的真理性是共产党人的政治灵魂和精神支柱,是中国共产党立于不败之地、永葆青春活力的根本所在。

二、文化自信的功能在于时代观照与价值共识

文化是民族的血脉,是人民的精神家园,也是政党的精神旗帜。我们党是一个具有高度文化自觉的马克思主义政党,在革命、建设、改革各个历史时期,都高度重视文化建设,充分运用文化引领前进方向、凝聚奋斗力量、推动事业发展。

文化是凝聚人心的纽带,是引领前进的旗帜。文化最大的特质,就是具有极强的渗透性、持久性,像空气一样无时不在、无处不在,能够以无形的意识、无形的观念,深刻影响有形的存在、有形的现实。对于一个国家、一个民族来说,文化始终是血脉和纽带,铭刻着一个民族的集体记忆,寄托着一个民族的共同追求,民族和国家的认同从根本上说就是文化的认同。我国的历史文化传统源远流长、博大精深,积淀着中华民族最深层次的精神追求,包含着中华民族最根本的精神基因,代表着中华民族最独特的精神标识。中华民族历经磨难而绵延不绝、生生不息,一个重要原因就是我们有深厚的文化传统、有高度的文化认同、有共同的精神家园。历史和现实告诉我们,文化是引领国家和民族前进的旗帜和号角,民族的觉醒首先是文化的觉醒,社会的进步总是以文化的进步为

先导的。近代欧洲一批国家的崛起可以说是源自文艺复兴，正是这场思想启蒙运动，将欧洲推向了世界文明发展的前列。近代中国重新踏上民族复兴之路，也正是从文化的觉醒——新文化运动的兴起开启的。当代中国之所以能够创造令人瞩目的发展奇迹，很重要的一点就在于我们始终坚持和发展马克思主义，不断以思想上的新解放、文化上的新进步推动事业的新跨越。事实证明，文化深刻体现着一个民族和国家的创造力生命力，是民族生存发展、国家繁荣兴盛的精神支柱和力量源泉。没有先进文化的积极引领，没有全民族精神力量的充分发挥，一个国家不可能兴盛强大，一个民族不可能屹立于世界民族之林。

文化是社会发展的动力，是文明进步的标识。物质财富和精神文化共同繁荣是社会文明进步的重要特征，经济、政治、文化、社会协同发展是现代化国家的必然要求。随着改革建设实践的不断深化，人们对文化功能定位的认识大幅提升，越来越多的人认识到，文化不仅是现代化建设的重要保证，而且是经济社会发展不可或缺的重要内容和重要目标。实现科学发展、全面发展，需要文化有更大的繁荣进步。从文化在经济发展中的作用来看，文化不仅直接作用于经济增长，而且在提升发展质量中发挥着越来越重要的作用，文化资源日益成为经济发展的基础资源，文化消费日益成为拉动经济增长的重要引擎，文化产业日益成为经济结构调整和转变经济发展方式的重要着力点。只有当文化表现出更强大的力量的时候，当发展具有更多文化含量的时候，经济发展才能进入更高层次。从文化对社会和谐稳定的影响来看，文化是"润滑剂""减压阀"，实现人与社会、人与自然、人自身的和谐，都离不开人文精神的培育、离不开优秀文化的滋养。特别是在经济转轨、社会转型加速期，如果不重视培育理性和谐的理念和精神，不注重人文关怀、心理疏导，就不可能有社会的和谐稳定。从文化在全面建成小康社会中的地位来看，全面建成惠及14亿多人口的更高水平的小康社会，既要有发达的经济，也要有繁荣的文化，既要让人民过上殷实富足的物质生活，又要让人民享有健康丰富的文化生活。物质贫乏不是社会主义，精神空虚也不是社会主义。实现全面建成小康社会奋斗目标，顺利推进社会主义现代化，加快文化建设是题中应有之义。

文化是民生幸福的要义，是美好生活的保障。人创造了文化，文化也塑造着人。文化对人来说，是一种精神上的内在需求，普遍需求，也是终生相伴的需求。人们需要通过文化启蒙心智、认识社会，获得思想上的教益，也需要通过文化愉悦身心、陶冶性情,获得精神上的满足和归依。精神文化上的充实和丰盈,始终是幸福生活和美好人生的内在要求。随着生活水平的不断提高,人们不再仅仅局限于吃饱穿暖等物质方面的需求,对丰富精神文化生活的期待更加迫切、愿望更加强烈,文化越来越成为保障和改善民生的重要内容。

文化是竞争优势的重要因素、是综合国力的有力支撑。当今世界,各种思想文化交流交融交锋更加频繁,文化在综合国力竞争中的地位和作用更加凸显,文化与经济相融合产生的竞争力越来越成为一个国家最根本、最持久、难以替代的竞争优势。有人认为,如果说过去国与国之间的竞争主要是经济、军事的较量,那么未来将以文化论输赢。现在,许多国家都把提高文化软实力作为重要战略,利用文化展示本国形象、拓展国家利益。经过多年发展,我国已成为全球第二大经济体,文化建设也取得了巨大成就,但我国文化的国际影响力与我国深厚的文化底蕴还不相称。对于发展中大国来说,如果没有自己的文化纲领、文化设计、文化理想,没有强大的文化软实力,要成为富强民主文明和谐的社会主义现代化国家是不可能的。只有树立高度的文化自觉和文化自信,加快构筑我们的文化优势,才能在激烈的国际竞争中赢得主动,维护国家利益和文化安全。

三、文化自信的精神传承要义在于引导发展

文化是有物质载体的人化的观念世界。马克思、恩格斯曾经说过:"一切划时代的体系的真正的内容都是由于产生这些体系的那个时期的需要而形成起来的。"[①]在人类社会的发展中,文化触及人的"灵魂",形成社会的"心灵的秩序",彰显文化的自信和吸引力。中国特色社会主义进入新时代,我们坚持并自信的文化是什么?或者说,究竟什么样的文化能够令我们自信?中国特色社会主义文化,源自中华民族五千多年文明历史所孕育的中华历史文化,熔铸于党领导人民在革命、建设、改革中创造的革命文化和社会主义先进文化,根植于中国特色社会主义伟大实践。坚持社会主义核心价值体系,坚定社会主义文化自信,构成了习近平新时代中国特色社会主义思想的重要内容。中华传统优秀文化、革命文化和社会主义先进文化共同构建了新时代中国特色社会主义文化的

---

① 中共中央马克思恩格斯列宁斯大林著作编译局.马克思恩格斯全集:第一卷[M].北京:人民出版社,1995.

基本内容。

中华历史文化是新时代中国特色社会主义文化的精神基因。中华民族在五千多年的文明历史中创造的灿烂的中华文明，为人类做出了卓越贡献。博大精深的中华文化，是中华儿女共同的精神基因，把我国 56 个民族、14 亿多人紧紧凝聚在一起的，是我们共同经历的非凡奋斗，是我们共同创造的美好家园，是我们共同培育的民族精神。中华历史文化是我们中华儿女的精神基因，是我们中华民族的精神家园，是我们引以为豪的社会主义文化，尤其是社会主义核心价值观的源头。今天，源远流长的中华历史文化最终汇聚于习近平新时代中国特色社会主义思想之中，构成了中国特色社会主义文化的精神基因。

革命文化是新时代中国特色社会主义文化的红色基因。中国特色社会主义文化，是新时代执政的中国共产党的意识形态反映，是中国共产党的价值信仰载体，是激励全党、引领全国各族人民奋勇前进的强大精神力量。中国共产党的领导是中国特色社会主义最本质的特征，中国共产党的大无畏的革命精神是中国特色社会主义文化最澎湃的基因。红色象征着革命，象征着热情、付出、流血与牺牲。中国革命历史是最好的营养剂，革命文化是我们党的宝贵精神财富。在我们比历史上任何时期都更接近、更有信心和能力实现中华民族伟大复兴的中国梦的新时代，我们更加需要弘扬革命传统、不忘初心，以革命文化补共产党人精神之"钙"，以昂扬的斗争精神，以追求理想的执着毅力，以实事求是的科学态度，以艰苦奋斗的拼搏精神，以依靠群众的优良作风，引领、团结人民群众，夺取新时代中国特色社会主义伟大胜利，实现中华民族伟大复兴的中国梦。

社会主义先进文化是新时代中国特色社会主义文化的前进方向。马克思主义与中国新时代复兴发展的相结合，形成了新时代中国特色社会主义思想，标志着世界科学社会主义的发展正在进入全新境界。

四、文化自信理论具有划时代意义和真理的力量

在实现中华民族伟大复兴的中国梦之中，中国特色社会主义文化承担着更大的责任和使命。一种文化、一种理论要想发挥其信仰的作用，凝聚社会的力量，必须提供一整套的科学而有效的价值体系，即吸引一个坚定的信仰行动者，确立明确的行动目的，谋划一定的行动情境，描绘明确的行动规范与价值取向。习近平新时代中国特色社会主义思想，具有划时代意义和强大真理力量，这是我们新时代的信仰之源。高举习近平新时代中国特色社会主义思想伟大旗帜，

能够树立我们对共产主义远大理想和中国特色社会主义共同理想的坚定信念，为决胜全面建设社会主义现代化国家、夺取新时代中国特色社会主义伟大胜利、实现中华民族伟大复兴的中国梦奠定坚实的信念支撑。习近平新时代中国特色社会主义思想以其强大的真理力量，激发出坚定的信仰力量。

真理的逻辑性与认识的可靠性是赋予真理以力量的内在缘由。真理在本来的意义上说，就是我们关于事物的真理，同时它与人的认识有关。马克思主义认为，真理的力量来自实践，真理的力量来自创新，理论是思想中的现实。恩格斯说："我们的理论是发展着的理论。"沿着马克思开辟的理论道路创新马克思主义，才能永葆马克思主义的生命活力，更为生动地彰显马克思主义的真理力量和道义力量。

真理的社会性或真理的规定性是赋予真理以力量的外在缘由。对真理的坚持，是在特定的价值导向下所产生的一种精神力量，这种力量能够把党的所有成员、党与人民群众聚合在一起，并逐步实现感情、理念、目标、行为等方面的相互认同，形成有机的总体，为共同目标与理想的达成而共同奋斗。坚定的共产主义信念和运用马克思主义基本原理和方法来认识和分析问题，是马克思主义真理的价值所在。真理的社会性或真理的规定性体现在真理的凝聚力上。坚定的理想信念催生良好的道德水准，而理想信念的坚定首先来自理论上的清醒。以习近平新时代中国特色社会主义思想为指导，加强修养，牢固树立马克思主义的世界观、人生观、价值观和正确的权力观、地位观、利益观，才能打牢思想政治基础，牢筑思想政治防线。

第四节　文化认同与文化自信的关系

一、文化认同推进新时代文化自信

文化是一个国家、一个民族的灵魂。新时代文化发展不仅扎根于我国优秀的传统文化中，也存在于我国各民族对中华民族的文化认同中。文化认同是文化自信的前提和基础，有高度的文化认同才有坚定的文化自信。

(一)铸牢中华民族共同体意识

我国是一个多民族国家，中国特色社会主义进入新时代，中华民族前所未有地接近伟大复兴目标。"铸牢中华民族共同体意识，就是要引导各族人民牢固树立休戚与共、荣辱与共、生死与共、命运与共的共同体理念。"

文化认同是最深层的认同,要努力实现各民族文化相互融合、交相辉映,共同建设精神家园,让新时代文化自信自强具有更加坚实的基础。中山大学人类学系教授刘志扬认为,新时代文化自信自强与铸牢中华民族共同体意识研究是紧密相连的。铸牢的关键和目的是强调各民族共同发展,增强全国各族人民对国家、对中华民族命运共同体的认同。党的十八大以来,铸牢中华民族共同体的意识成为民族工作的主线,也是民族研究的重大议题。民族研究者应该站在实现中华民族伟大复兴的战略高度,对铸牢中华民族共同体意识进行研究和论证,这是民族研究者需要肩负的历史使命。

(二)为文化自信提供坚实支撑

要推动中华优秀传统文化创造性转化、创新性发展,不断增强中华民族凝聚力和中华文化影响力,深化文明交流互鉴,讲好中华优秀传统文化故事,推动中华文化更好地走向世界。北京师范大学社会学院教授萧放认为,我国深厚的文化根基是文化自信最坚实的保障,也是推进文化自信自强最大的底气。

中华优秀传统文化是中华民族的精神命脉,是涵养社会主义核心价值观的重要源泉,也是我们在世界文化激荡中站稳脚跟的坚实根基。中华优秀传统文化是中国特色社会主义文化的重要组成部分,凝聚着中华民族的精神追求,包含了中国人民的深切愿景。在社会主义核心价值观的培育和践行中,对中华优秀传统文化的继承和发扬,不仅要汲取其所蕴含的思想道德养分,还要对中华优秀传统文化进行创造性转化和创新性发展,与时俱进地发挥其对人类文明的贡献,使中华优秀传统文化永葆活力,进而坚定不移地推进文化自信自强。

二、文化自信走向文化认同的逻辑

从对"文化自信"的内涵释义到"文化认同"的依据和条件澄清自然清晰地呈现出文化自信大于文化认同的内在逻辑。文化自信大于文化认同的逻辑实质上是从个性达于普遍、从差异走向共同的逻辑。这里的"个性"和"差异"就是地域化的民族国家的独特性,它相对人类而言,始终以个性和差异的方式呈现自身,展示自身的存在感。这里的"普遍"和"共同",相对地域化的民族国家而言,表层语义是人类、世界,但深层语义是人类利益、世界价值和共生共存的律法、公理、原则。文化认同的个性化表现为文化认同的地域特征,文化认同的差异性表现为文化认同的民族性。从逻辑起点上讲,文化认同就是民族认同,即认同民族的独立性、独特性、个性和气质。所以，认同民族是文化认同的基本前提；没有民族认同，不可能有文化认同。但这仅仅是起点，文化认同的真正目标或者说逻辑归宿是人类认同和世界认同，是认同人类和世界的普遍性，认同人类各民族国家如何"在一起"的律法、公理、原则以及由此律法、公理、原则为指南所形成的人类利益、共同价值、共守边界。因此，文化认同的逻辑也是从文化的"唯我"走向文化的"合群"的边界逻辑。这一逻辑得以生成敞开的内在规训是人性主义的族性逻辑和世界主义的权利逻辑。

（一）人性主义的族性逻辑

人性主义的族性逻辑之所以是文化从"唯我"走向"合群"的原动力逻辑，在于其由两个因素促成。首先，民族作为其生存共同体，它是由具象化生之本性的个体构成的：人基于自身生之本性的实践论努力缔造了民族，并以此必然成为民族的主体。无论从发生学来讲，还是从发展论而言，人性都是民族文化的原动力。其次，个体基于生之本性缔造民族是通过两性和血缘的方式实现的，即两性基于生理的需要而结合，播种新的生命，而新的生命的不息的繁衍形成民族，创造出体现民族个性和风采的文化。由此不难发现，民族的族性不过是人的生命本性通过繁衍生息的方式无限度地放大和扩张，但这种放大和扩张的又不只是人的生命本性，因为它融进了会通两性的结合所创造的血缘，并接受地域的打磨。

人性主义的族性逻辑就是人性与血缘在地域土壤中合生的逻辑，这是所有"民族"和"文化"得以定义的认知基础和思想基石。伦敦大学政治学教授盖尔指出，"当且只当两个人共享同一种文化，而文化意味着一种思想、符号、联系体系以及行为和交流方式，则他们同属一个民族"。斯大林认为，"民族是人们在历史上所形成的有共同语言、共同地域、共同经济生活以及表现于共同的民族文化特点上的共同心理素质这四个基本特征的稳定的共同体"。本尼迪克特·安德森认为，民族国家的形成往往是本族人借助于民族语言、教育政策、大众媒介、宣传册子、文学作品等方式来加强族性意识，民族国家建立起来之后，文化认同更是作为共享的符号、神话和记忆系统，将民族生存的地域空间中所有公民融和成共同体。这些阐述从不同方面强调了生成建构并凝聚民族文化的初始因素和内生力量是生生不息的人性的族性化扩张与功能发挥。

（二）世界主义的权利逻辑

民族国家的诞生、存在和发展的内在逻辑是人性和血缘的地域化合生逻辑。以人性和血缘的地域化合生为原动力的文化，要走出地域，走向世界，谋求认同，需要遵循权利逻辑。权利因利益而产生，却诉求责任的对等担当。这是因为权利的本质是平等，而灵魂却是自由。所以，权利逻辑实质敞开为平等逻辑和自由逻辑。马克思曾经说过，"商品是一个天生的平等派"，因为"商品交换就其纯粹形态来说是等价物的交换，因此，不是增大价值的手段"。如前所述，商品不仅是商品，它也是文化。商品作为一种实物文化，既融入了人力，也融进了技术及其制度，并在整体上呈现出对文化的地域性、民族性、国家性的超越取向。以此观之，商品体现和承载的文化，如同技术、科学体现和承载的文化一样，构成个性和差异性的民族文化走向世界和普遍的最初形态（低级形态）。从根本上讲，民族是共同体，人类是更大共同体，由于所有民族及其所建立起来的国家存在于同一个地球上，接受同一个自然世界的滋养，无论个体走向民族共同体，还是民族共同体走向人类共同体，文化认同都是一个桥梁。并且，民族文化认同走向世界，总要依序在器物、行为模式、本体性硬核三个层面展开，形成认同的"上""下"阶梯性：首先，文化认同在器物层面展开，必须遵循从质疑到接纳的过程，即当一种地域性和民族国家性的文化形态走向世界，必然引发不同程度的质疑，而接受质疑的过程也是其文化的内在的先进"性能"被凸显和放大的过程，这一过程必然促进其质疑的消解而转向接纳，由此形成认同，引发"除旧革新"。其次，文化认同在行为层面展开，最初同样经历个性与个性、差异与差异的较量而在更为广阔的视域中发现其整体性和普遍性，形成对普遍性和整体性的认同，最后上升到知识体系、思想本质和信仰捍卫的硬核层面，形成文化本体意义上的殊死博弈，在这一博弈的过程中，就是去其个性和差异，摒弃地域、种族、国家而进入人类世界的文化本体层面的认同。在本体层面的文化认同能够拓展到何种程度，以及能够达到何种程度，其决定性因素不是商品，不是经济，不是技术和科学，更不是国家权力和军事力量，这些因素在文化认同中所起作用的大小实际上遵循"低强高弱"规律：文化认同处于起点状态或低端层面时，经济、科学技术、军事力量或国家权力干预所发挥的作用相对较大，但当文化认同向上展开，向本体层面开进，经济、技术、科学以及国家权力、军事力量等因素所发挥的作用会逐渐变弱，尤其是文化认同进入"知识、思想、信仰"之域，其决定性的根本因素却是构成文化之本体内容的知识、思想、信仰本身所蕴含的共通性程度。由此可知，文化认同在起点上可能是理性的，也可能是非理性的,但其认同持续展开必然要求(自觉或被迫地)理性至上;文化认同必须扬弃感知性的"唯我"之主观自信达于"合群"的实践理性,只有服从理性的文化认同,才能够平等地尊重权利,并遵从权利逻辑。

文化认同所必须并必然地遵从的权利逻辑不仅是平等与自由的逻辑,更是限度与边界的逻辑。从根本而言,以自由为灵魂、以平等为本质规定的权利逻辑的功能发挥之处就是限度和边界。或者说,平等和自由从内在本质和目的性诉求两个方面规定了文化认同的权利逻辑,限度和边界从功能和效力两个方面规定了文化认同的权利逻辑,这一双重逻辑要求文化认同必须从个性、差异起步而自觉地超越个性和差异,并在这种超越中保持个性和差异的同时彰显世界和普遍。因而,文化认同的真正达成和不断探索的本质就是个人与人类、民族国家与国际社会、个性和差异与世界和普遍之间达成共生共存的动态平衡,所以它必须是限度的,必须互存边界。

(三)互为限度和边界的主体逻辑

文化自信走向文化认同的互为限度和边界将主体的逻辑凸显了出来。这里的主体,当然是指个体主体,但更是指个体主体的放大形态——民族国家主体,同时也指文化的人类主体和世界主体。这两级主体构成个体与整体的关系,形成个体向整体生成和整体向个体回归的内在生成理路。在文化自信走向文化认同的历史进程中,文化的个体主体向文化的整体主体生成,是指个性、差异的民族文化自信向世界、普遍的人类文化认同的展开;世界、文化的整体主体向文化的个体主体回归,是指世界、普遍的人类文化对个性差异的民族文化的尊重。这就是文化认同的主体逻辑。文化认同的主体逻辑既是个性的逻辑、差异的逻辑,同时也是普遍的、公理和原则的逻辑。这一双重逻辑规定:文化认同既应尊重民族文化个性、民族文化差异,更应遵守文化的人类主义的普遍诉求,还应遵循世界主义的律法、公理和原则,比如宇宙的律法、地球生命原理、共同利益原则、共同价值原则共生共存公理,等等,这些都是感知主义的文化自信达于理性主义的文化认同所必须遵从和弘扬的。

(四)信与爱的逻辑

在人性主义的族性逻辑、权利逻辑和互为限度与边界的主体逻辑整合规训下,文化自信走向文化认同必须遵从信爱逻辑。信爱逻辑要求文化自信走向文化认同之途要能够真正实现其既遵从个性、差异,又尊重世界和普遍的律法、公理、原则。这必须实实在在地做到两点——信和爱。信和爱规定了文化自信走向文化认同，不是征服，不是占有，不是种族优胜论，不是国家强权论，而是平等之信和平等之爱。这是文化自信走向文化认同的目的，也是文化自信走向文化认同的日常态、本来态、应有态。文化认同之信就是诚信、信义。以诚信、信义为准则，文化自信走向文化认同必须抛弃自恋，必须反对狂热和虚妄，必须摒弃一切形式的谎言和暴力，包括军事暴力和语言暴力，必须反对任何形式的欺骗与引诱，包括许诺性欺骗和物质性、财富性引诱。因为这一切非诚非信或者说反诚反信的自我扩张与喧哗方式都是违背文化认同的世界律法和普遍公理的。

文化认同之信既是以爱为原动力，也以爱为目标指向。文化认同之爱既是理解的同情，也是更慈悲的博爱。以理解的同情和慈悲的博爱为准则，文化自信走向文化认同需要抛弃种族优越论和狭隘的、偏激的爱国主义或国家主义，需要警惕一切形式的敌对和仇恨、怨恨和嫉妒、狂妄和霸权，因为文化自信走向文化认同的文化灵魂是个性与世界、差异与普遍的合生，它必须遵从以生命为原动力机制的本性的逻辑、以平等为本质规定的权利逻辑和主体逻辑，追求个体与整体、民族与人类、国家与世界的共生共存。所以，文化自信走向文化认同必须以爱为原动力机制、以理解的同情和慈悲的大爱为行为准则。文化自信走向文化认同的行动就是信与爱的努力：只有信义天下，世界才有善；只有真正超越地域和种族的同情理解和慈悲大爱，才能点亮人类共存和世界大同的火炬，传递不息。

第三章

文化自信在"四个自信"中的地位与作用

第一节　文化自信在"四个自信"中的地位

我国高度重视文化自信,强调坚定建设中国特色社会主义的道路自信、理论自信、制度自信、文化自信。党的十九大报告作出中国特色社会主义进入新时代的重大判断,深刻指出:全党要更加自觉地增强道路自信、理论自信、制度自信、文化自信,既不走封闭僵化的老路,也不走改旗易帜的邪路,保持政治定力,坚持实干兴邦,始终坚持和发展中国特色社会主义,将"四个自信"的价值意蕴提升到新的高度。"四个自信"是新时代全党和全国各族人民精神状态的真实展现,即在新的历史条件下,坚守信仰,坚持信念,坚定信心,积极创建美好生活。实现中华民族伟大复兴的中国梦,就要在不断增强"四个自信"的前提下,用梦想领航,用旗帜指引,用信念定向,用价值凝魂,用实干成就。深入探讨文化自信的理论内涵和实践价值,必须系统把握文化自信与道路自信、理论自信、制度自信的内在联系,着力构建新时代中国特色社会主义的文化建设体系,为实现中华民族伟大复兴的中国梦提供强有力的文化支撑。

文化是一个国家、一个民族的灵魂。古往今来,世界各民族无一例外地受到其在各个历史发展阶段所形成的文化的深刻影响。文化自信是对文化的作用及其生命力、创造力、影响力的深度认同和执着信念。"四个自信"突出强调文化自信"更基础、更广泛、更深厚"的独特地位,是一种不断把中国特色社会主义伟大事业推向前进的更基本、更深沉、更持久的力量。

一、从"三个自信"扩展到"四个自信",形成完整的中国特色社会主义"自信"谱系

文化兴则国运兴,文化强则民族强,文化自信的实质是中国特色社会主义自信。从"三个自信"发展为"四个自信",是我们党总结百年来带领团结全国各族人民进行不懈奋斗的实践历程和历史经验的战略抉择,是立足当下并面向未来对中国特色社会主义内涵的总体性、主体性和普遍性的科学诠释与深刻把握,标志着中国特色社会主义达到了一种更新的、更高的整体自信水平,由此形成了完整的中国特色社会主义"四个自信"谱系,标志着我们党对中国特色社会主义有了更加明确而开阔的文化建构。正是在这一意义上,"四个自信"的重要论述及其对中国特色社会主义的文化建构,与实现中华民族伟大复兴的中国梦、"四个全面"战略布局、五大发展理念等一系列党中央治国理政新理念新思想新战略一道,推动着中国特色社会主义的发展迈向一种新的、具有总体性的话语表达和理论表达。

首先,文化自信是道路自信、理论自信和制度自信的应有之义。国家深刻把握世界范围内各种思想文化交流交融交锋、文化软实力角逐愈加凸显的国际形势,在关于文化发展繁荣的系列重要论述中,多次强调文化自信问题,提出,在坚定道路自信、理论自信和制度自信"三个自信"的同时,特别强调文化自信的基础作用,把对文化自信的认识提升到了一个新高度、新境界。历史和现实都表明,一个抛弃了或者背叛了自己历史文化的民族,不仅不可能发展起来,而且很可能会上演一幕幕历史悲剧。民族文化是一个民族区别于其他民族的独特标识。说到底,体现一个国家综合实力最核心的、最高层的,还是文化软实力,这事关一个国家、一个民族精气神的凝聚。从"三个自信"到"四个自信",体现了我们党对中国特色社会主义认识的进一步深化。中国特色社会主义道路、理论、制度、文化,是中国特色社会主义的不同方面,共同指向实现中华民族的伟大复兴。其中,道路是实现途径,理论是行动指南,制度是根本保障,文化是内在动力。中国特色社会主义"特"就"特"在将这四者统一于中国特色社会主义伟大实践中。只有从中国特色社会主义实践的整体性上把握"四个自信",才能理解更深刻、把握更准确、自信更坚定。同时,"中国有坚定的道路自信、理论自信、制度自信,其本质是建立在五千多年文明传承基础上的文化自信"。中华历史文化源远流长、博大精深,在中华民族产生、形成和发展的过程中,产生了许多记载中华民族长期奋斗中形成的精神活动、进行的理性思维、创造的文化成果,其中,最核心的内容已经成为中华民族最基本的文化基因。这些文化基因是我们最深厚的文化软实力,也是中国特色社会主义植根的文化沃土。

其次,坚定"四个自信"的根本在于坚定文化自信。文化的本质是"文化精神"，文化自信的本质是人们对于自身精神世界的肯定性评价与执着的坚守。中国特色社会主义文化自信的精神性本质，从根本上决定了它是比中国特色社会主义道路自信、理论自信、制度自信更基本、更广泛、更深沉、更深厚、更持久、更稳定的力量。坚定"四个自信"，首先要坚定文化自信，才能为道路自信发展提供扎根的深厚土壤，才能为理论自信提供与时俱进的思想文化资源，才能不断增强中国特色社会主义制度认同，为制度自信注入创新活力。道路自信不能离开文化自信。中华民族是一个团结奋进、不屈不挠的民族，敢于并善于在重重困难和艰险中探索前进的道路，从未丧失民族自信心。近代以来，中国面临着严重的民族危机，无数仁人志士在探索救国救民的道路上献智献力，不断进行探索，但都以失败告终，而在民族危难中诞生的中国共产党，将马克思主义基本原理同我国革命实践相结合，继承弘扬中华优秀文化传统，克服艰难曲折，最终满怀信心地走出了具有中国特色的革命道路，中国人民终于赢得了民族独立。新中国成立以来尤其是改革开放以来，中国共产党人进一步将马克思主义基本原理同我国建设、改革的实践相结合，历经艰辛探索，矢志不移地走出了具有中国特色的社会主义康庄大道。理论自信不能离开文化自信。马克思主义中国化是同中华文化紧密连接在一起的，无论是新民主主义革命时期、社会主义革命和建设时期，还是改革开放和社会主义现代化建设新时期，都充分体现了马克思主义真理力量与中华优秀传统文化力量的共同作用。改革开放以来，在马克思主义中国化的第二次历史性飞跃中形成发展的中国特色社会主义理论体系，进一步体现了鲜明的文化特色。进入新时代，作为其立论依据的社会主义"初级阶段"，"五位一体"总体布局和"四个全面"战略布局，以及全面建成小康社会、实现中华民族伟大复兴的中国梦，无不蕴含中华文化自信的印证，彰显中国风格、中国气派、中国精神。制度自信不能离开文化自信。我们的根本政治制度、基本政治制度、基本经济制度、法律体系以及各项具体制度，都同我们的文化密切相关。社会主义制度就是在我国社会主义先进文化的引领、维系中建立和发展起来的。在深化改革中推进各项制度和体制的完善和逐步定型，同样也一直伴随着文化的传承和创新。我国的社会主义制度符合国情，从文化方面来说，就在于它符合中华文明的特质、符合人民的精神诉求、符合民族的心理认同、符合社会的主流意识。

二、新时代文化自信是道路自信、理论自信、制度自信的深厚根基

文化自信是"三个自信"的精神升华，是"三个自信"的深沉根基。

首先,中国特色社会主义内在要求坚守文化自信。自信作为精神力量,是人类社会特有的文化现象,有其固有的特征和变化规律。文化自信蕴含着一个国家、民族及其人民的信念和信仰,寄托着对未来的希望,激发着创造美好未来的意志力,是人类维持生命活力和发展动力的基本信念、精神支柱和精神源泉。中国特色社会主义是中国共产党领导中国人民在伟大革命实践中开辟的一条中国式的现代化道路,是科学社会主义的基本原则与中国实际相结合的产物,具有鲜明的时代特征和中国特色。因此,推进中国特色社会主义的伟大事业必然内在地要求具有体现中国特色社会主义本质属性的中国特色社会主义文化自信。换言之,对中国特色社会主义的自信,是指"中国人"作为国家的主人对"自己的社会主义道路"的信念和信心,这个自信的主体是"中国人",中国特色社会主义自信就是全体中国人对于自己国家的政党自信、国家自信、民族自信的有机统一。当今世界,"中国共产党、中华人民共和国、中华民族是最有理由自信的",就是对中国特色社会主义自信主体的具体化与最高概括。从"文化自信"的客体来看,中国特色社会主义自信是经济自信、政治自信、文化自信、社会自信、生态自信的有机统一,也是道路自信、理论自信、制度自信、文化自信的有机统一。这两个"有机统一"不是彼此并列而是相互交织的。从"文化自信"的评价来看,中国特色社会主义自信评价必须坚持马克思主义的基本立场、基本观点、基本方法,深刻汲取人类社会特别是社会主义的历史经验,对中国特色社会主义作客观辩证的自信评价,从而建立对中国特色社会主义的科学的自信。总之,对中国特色社会主义的自信,来源于实践、来源于人民、来源于真理,要在深入把握中国特色社会主义的科学性和真理性的基础上增强自信,深刻揭示中国特色社会主义自信的实践性、人民性、科学性本质。

其次,文化自信是对中国特色社会主义的坚定信仰和价值认同。文化自信是中国特色社会主义的精神内核,从深层次上体现中国特色社会主义的本质。文化自信说到底是人们对其文化价值的充分肯定、文化发展的饱满信心和文化价值取向的坚定信仰。历史上,任何一个国家和民族,其发展道路选择、发展理论创新和国家制度设计,都必须根植于自己的历史文化传统。就中国而言,没有中华历史文化,没有中国共产党在革命、建设、改革时期创造的革命文化和社会主义先进文化,就没有中国特色社会主义道路的开辟、理论体系的形成和制度的确立。

同时,我们的文化是以马克思主义为指导、以共产主义为指向、以社会主义核心价值观为灵魂的文化,道路自信、理论自信、制度自信的内核就是文化自信在实践、理论和制度层面的价值表达和外在呈现。因此,文化自信根本上就是对共产主义远大理想和中国特色社会主义共同理想的坚定信心,就是要把中国特色社会主义这篇大文章继续写下去、写精彩,朝着实现中华民族伟大复兴的宏伟目标奋勇前进。中国特色社会主义事业的蓬勃发展和巨大成就,为文化自信注入了时代内涵。实践已经证明:中国特色社会主义道路是实现社会主义现代化的必由之路,是创造人民美好生活的必由之路。中国特色社会主义理论体系是立于时代前沿、与时俱进的科学理论,是指导实现中华民族伟大复兴的中国梦的科学理论。中国特色社会主义制度是具有鲜明中国特色、明显制度优势、强大自我完善能力的先进制度。中国特色社会主义文化是继承人类优秀精神成果,具有科学性、时代性和民族性的文化。这是我们以"文化自信"重铸中国特色社会主义魂魄的最大底气所在。

三、新时代的文化自信是实现中华民族伟大复兴的中国梦的精神动力

坚定文化自信,与坚定道路自信、理论自信、制度自信一样,都是中华民族实现伟大复兴的中国梦不可或缺的精神条件。坚定文化自信,才能为新时代中国的发展进步、为实现第二个百年奋斗目标和中华民族伟大复兴的中国梦提供不竭精神动力和强大文化保障。在新发展理念指导下的中国特色社会主义新实践,进一步夯实了全体人民对中国道路的自觉,强化了国人对中国理论的认同,笃定了国人对中国制度的自信,使道路自信、制度自信、理论自信与文化自信相互作用,相得益彰,具有共同的实践基础和价值追求,并赋予文化自信的时代价值。

首先,文化自信是中华民族精神自信的积淀和升华。一方面,中国特色社会主义文化自信是建立在五千多年文明传承基础上的,是五千多年中华民族文化精神、文化自信的积淀和延续。从中华文化历史发展的时间维度,由远及近,明确提出中国特色社会主义文化自信内含的中华历史文化、在党和人民伟大斗争中孕育的革命文化、社会主义先进文化,对中国特色社会主义文化自信"追根溯源"至五千多年的中华文明,更体现了关于中华历史文化是中华民族、中华文化、中国精神的"根"和"魂","抛弃传统、丢掉根本,就等于割断了自己的精神命

脉"的思想。中华五千多年的历史文化之所以能够融入激昂向上的革命文化和生机勃勃的社会主义先进文化并传承至今,根本原因在于它是在中华文化流变的历史长河中不断积淀、具有永恒价值的思想精华。中华历史文化、革命文化、社会主义先进文化三者在精神本质上一脉相承、历久弥新。另一方面,中国特色社会主义文化自信源于中华历史文化,历经革命文化的洗礼、社会主义先进文化的升华,是中华文化不断传承创新的结晶。对待历史文化要坚持"古为今用""去粗取精、去伪存真",要"有鉴别地加以对待,有扬弃地予以继承",要"处理好继承和创造性发展的关系,重点做好创造性转化和创新性发展"。"古为今用"的文化规律和对待历史文化的科学态度体现在:富有永恒魅力、具有当代价值的中华民族文化精神是绝对性和相对性的统一,绝对中有相对、永恒中有流变、传承中有发展。从中华历史文化到革命文化再到社会主义先进文化,是中华文化自信的历史延续,也是中华文化自我扬弃、辩证发展的过程。中国特色社会主义文化自信是这个过程的结晶。

其次,实现民族伟大复兴的中国梦的依托在于坚定文化自信。在推进中国特色社会主义伟大事业、实现中华民族伟大复兴的中国梦的征程中,要以坚定的文化自信为依托。要从文化的维度,在基础、广泛、深厚上下功夫,以文化自信为依托,不断巩固中国特色社会主义的共同理想。要加强文化支撑的力度,在中国特色社会主义伟大事业中,文化是重要支柱,支柱越有力,事业越发达。实践反复证明,只有中国特色社会主义才能发展中国,这已得到全国人民的认同和国际社会的赞同。在推进中国特色社会主义的事业中,必须着力补精神之钙,固思想之源,培为政之本,激发正能量、新能量,提高抗干扰、排障碍、除诱惑、拒腐蚀的自信心、自觉性。要拓展文化感召的广度。中华文化贯通于我国经济、政治、社会、生态建设的各个领域,渗入于生产、生活和人际关系,覆盖着广大地域、人口,具有广泛性。在新时代,中国特色社会主义事业不断取得伟大成就,中华民族最基本的文化基因和富于当代价值的文化精神,越发以具有广泛参与性的方式推广开来,弘扬起来。坚定文化自信,要抓住"关键少数",引导广大人民群众弘扬中华优秀文化,辩证取舍外来文化,在推进中国特色社会主义的进程中凝心聚力。要开掘文化影响的深度。中华文化具有深厚的历史底蕴、理论底蕴、实践底蕴、民心底蕴。它经历了五千多年连绵不断的磨砺,经历了党领导人民在伟大斗争中的培育和洗礼,积淀着中华民族最深层的精神追求,代表着中华民族独特的精神标识,经受了历史的考验和实践的检验,为广大人民所接受、所认同,具有强大的生命力和影响力。在新时代,讲好历史,特别是近代史、党史和中国文化故事,增强干部、群众的文化自信,是坚持中国特色社会主义、巩固共同理想的应有之义。

第二节　文化自信决定道路自信的生成逻辑

"道路"是指为达到某种目标,事物发展、变化的途径。其之于人,则是人生道路,为人处世应有所遵循的途径;其之于国,则是决定一国之命运、前途,引领全体国民奋斗的方向。道路问题都是最根本的问题,道路关乎党的命脉,关乎国家前途、民族命运、人民幸福。中国共产党历来十分重视道路问题,重视探索革命、建设和改革的正确道路。在多年的实践探索中,党坚持理论联系实际,把马克思主义科学世界观和方法论同中国具体实际和时代特征相结合,走独立、和平发展之路,开创并发展了中国特色社会主义道路,从而从根本上改变了中国的前途和命运。党中央毫不动摇坚持走中国道路,与时俱进拓展中国道路,推动中国道路越走越宽广。中国道路的成功选择和不断拓展,为实现第二个百年奋斗目标、为夺取新时代中国特色社会主义伟大胜利、实现中华民族伟大复兴的中国梦、实现人民向往的美好生活开辟了根本路径。

"自信"是一种建立在对事物本质和发展规律高度认同基础上的一种高度自觉。其之于人,是指在自我评价上积极乐观的态度,从内心深处发出的对自己能力和价值的充分肯定与相信。其之于国,就是把这种肯定与相信,扩展、延伸到执政党、民族和国家的层面。我们所强调的"道路自信",就是对中国特色社会主义道路的自信,即中国特色社会主义的建设者对中国特色社会主义道路发展历史的充分肯定、发展现状的理性认知、未来发展的充满信心。

中国特色社会主义这条道路来之不易,它是在改革开放的伟大实践中走出来的,是在中华人民共和国成立以来的持续探索中走出来的,是在对近代以来中华民族发展历程的深刻总结中走出来的,是在对中华民族五千多年悠久文明的传承中走出来的,具有深厚的历史渊源和广泛的现实基础。中国特色社会主义道路的深化与拓展,都要扎根于中华文化的沃土。

一、国家发展道路的选择在其深刻性上是一种文化选择

一个国家发展道路的选择,是经济、政治、社会选择,更是文化选择。其一,

文化自信说到底是实践自信。文化是社会实践的产物,文化自信是一种实践理性。从一定意义上讲,有什么样的实践,就有什么样的文化认知与思想观念。今天,我们高度重视并拥有文化自信,根本原因还是在于中国特色社会主义道路伟大实践的推动和呼唤。其二,人类文明发展史也表明,任何发展道路的选择和拓展,都离不开特有的"文化依赖"。例如,资本主义道路赖以建构的文化形态是建立在生产资料私人占有的基础上,为资产阶级的利益和统治服务的文化形态和文化制度。这种文化以个人主义为核心,推崇个人的成功和价值实现,追求自由的生活方式,倡导价值取向多元化,其所倡导的资本文化和消费文化也必然给文化创造和创新发展带来单纯追求文化的经济价值和个人感官享受的局限,从而不可避免地诱发资本主义的文化矛盾。任何一个国家的发展历程都打上了文化烙印,在一定意义上,其所走过的道路只不过是该国文化的投影。其三,中国特色社会主义实践再一次有力证明了道路的选择既是政治选择,更是文化选择。中国特色社会主义是物质文明和精神文明全面发展的社会主义。一个没有精神力量的民族难以自立自强,一项没有文化支撑的事业难以持续长久。数千年来,中华民族走着一条不同于其他国家和民族的文明发展道路。我们开辟中国特色社会主义道路不是偶然的,是我国历史传承和文化传统决定的。近代以来,中国在追求现代化过程中曾有多种道路选择和多种尝试,不同的政治力量提出了不同的救国主张,但最后都失败了。最终,历史和人民选择了中国共产党,选择了马克思主义。实践证明,中国特色社会主义道路是唯一正确的道路,这条道路走得对、走得通、走得好,既是人民的选择、历史的选择,也是文化的选择。

二、中华历史文化、革命文化和社会主义先进文化是中国特色社会主义道路形成和发展的依据

任何道路都有一定的源头、一定的方向、一定的去处。中国道路虽然是在改革开放新时期明确形成的,但其从历史深处走来,具有深刻的历史生成逻辑。在中国道路形成和发展过程中,与之相生相伴的思想文化资源,是中华历史文化、革命文化和社会主义先进文化。坚定中国道路自信,必然要求坚定对这三种文化的自信。

在探索中国特色社会主义道路上,中国共产党人每一次关键抉择,都展现了道路自信,更深层次中蕴含着文化自信。民主革命时期,中国共产党人从挫

折和经验中逐渐摸索出一条适合中国的革命道路。这条道路不同于俄国十月革命当中的依靠城市武装起义的道路，而是符合中国国情的工农武装割据，走农村包围城市的道路。中国道路充分体现了中华民族对自己所走道路的深刻体察与自省自重，这种体察与自省自重，蕴含着深厚的文化哲学，在道路选择过程中，中华历史文化得以传承与发展、革命文化和社会主义先进文化得以培育与弘扬，道路选择与文化发展相得益彰，道路自信与文化自信同步增强，充分显示了强大的文化影响力。

三、坚定文化自信为走好中国特色社会主义道路提振精气神

在中国道路前行实践中，改革是主题，变革是大环境，不同思想观念争相碰撞，必然要求一种强大且具有统摄力、整合力的文化价值观的力量凝聚人心、汇聚正能量，整合差异、化解矛盾，引导国人准确"解读中国"、辩证"看待世界"。文化软实力作为一个国家综合实力的重要组成部分，能够反映一国的政治价值观、意识形态及其制度，表现为"文化影响力、意识形态影响力、制度影响力和外交影响力"等。

四、坚定道路自信，才能深刻认识和自觉把握中国特色社会主义道路的内涵与实质

中国特色社会主义道路是建立在马克思主义理论不断地与中国国家发展道路及发展规律相契合、相统一的基础之上的。同时，中国特色社会主义道路在理论上深化了中国特色社会主义的系统性，验证了当代中国发展道路的正确性，证明了人类文明发展模式的多样性。

首先，回顾人类发展史，精神文化层面遭遇的挑战表明，"举什么旗"最后都会归结到"走什么路"的问题上。

其次，回顾马克思主义中国化的历史，就是一部展示中国道路的优越性和自信的文化史。中国共产党作为一个年轻的政党，带领亿万人创造了"地球上最大的政治奇迹"——"完成了新民主主义革命，实现了民族独立和人民解放；完成了社会主义革命，确立了社会主义基本制度并取得了社会主义建设的巨大成就；进行了改革开放新的伟大变革，完善和发展了中国特色社会主义"。这三件大事，从根本上改变了中国人民和中华民族的前途命运，开启了当代中国沿着社会主义道路走向现代化、走向伟大复兴的历史进程。党的十一届三中全会

以来,以改革开放为标志的中国特色社会主义扬帆起航,党中央带领中国人民进入开创"中国奇迹"、谱写"中国故事"的新时代,众多海内外学者、政治家纷至沓来、著书立说、孜孜以求,渴望能全面解读和充分阐发现代化建设的中国经验和文化内涵。

最后,中国道路是在世界现代化浪潮中探索出来的一条符合中国国情的成功发展之路、和平发展之路,需要放在世界现代化历史进程中进行审视。虽然在整体发展水平上与发达国家仍存在一定差距,但中国的比较优势相当明显,尤其是"用比西方发达国家时间更短、社会成本更低的方式来实现现代化",使过去上百年的差距缩小到现在几十年的差距。稍加比较,就不难发现,由于历史条件和现实国情的多样性,决定了各国发展道路多样性,不具有模式的唯一性。而中国在经济全球化同步深化的历史背景下,坚持道路自信,谋求独立发展、和平发展,闯出一条适合本国国情的发展道路,不仅是世界近代以来其他大国从未遇到过、从未提出过、从未实践过的独特发展道路,更打破了"西方发展道路是唯一正确道路"的迷信,对世界发展具有重要的意义。中国道路为发展中国家实现国家工业化和现代化提供了重要参照,同时也为困于内在缺陷和面临重重问题的西方社会提供了启示。进入新时代,更加自觉地坚定"四个自信",是坚定中国现代化道路的重要保障。

五、文化自信为道路自信指明方向

文化自信为道路自信提供内在精神支撑和稳定信念支持,具有厚重的精神力量和独特的凝聚力、影响力。道路自信坚持从历史走向未来,从延续民族文化血脉中开拓前进,增强了中国人的骨气和底气,使中华民族以更加昂扬的姿态,屹立于世界民族之林,从而更加坚定了文化自信。

首先,二者统一于中国特色社会主义的伟大实践中,缺一不可。文化是基础,道路是根本。没有文化自信,就根本谈不上对中国道路的自信。没有道路自信,就丧失了前进的方向,无法坚持走中国道路。中国特色社会主义道路生发和成长自中华民族优秀文化的土壤,中国道路每前行一步,都凝聚着民族精神和时代精神。国际共产主义运动的历史已然说明,沿着马克思主义的道路前进,我们才能不断接近真理。没有中国文化的滋养,中国道路的思想基础、民族气息就会弱化。没有道路自信的坚守,特别是一遇到挑战与危机,我们就容易否定来路、迷茫去路。因此,无论是文化自信还是道路自信都不是单一存在的,而是与制度自信、理论自信一起,统一于中国特色社会主义的伟大实践中的。

其次,文化自信对道路自信起到强化、提升作用。当前,中国发展面临在全球化和现代化双重语境下进行新道路探索的挑战,不确定性因素增加、矛盾日益凸显。为了更好地走中国道路,需在建构和提升文化自信中巩固和增强道路自信,必须在世界范围内传播、呈现中国现代化发展道路的根本价值与核心理念,推动改革发展,引领中国道路的进一步探索。对内而言,通过发挥文化的内聚力,文化自信起着凝聚共识、强化道路自信的领航作用。在价值观与方法论层面,要对中国特色社会主义道路本身进行深刻的把握与审视,对中国特色社会主义核心理念和发展价值层面进行确认与充实,建立起强大的文化自信体系。将中华文化所倡导的"和谐共生、贵和尚中、以义为上"等价值理念充分渗透到民众内心深处,并外化为一种自觉的行为,从而化解道路探索实践中的各种风险和矛盾,展示中国道路的优越性,巩固和强化道路自信。对外而言,通过发挥文化的张力,文化自信能加强身份认同,提升道路自信的深刻内涵。近代以来,面对强势的西方文化的威压,中国这头东方"睡狮"始终处于弱势,全盘否定、全盘接受的变革运动,其背后是对文化的自我否定。经过百余年来历代仁人志士的不懈奋斗,尤其是新中国成立以来,坚定不移走中国特色社会主义道路的中国已经带给世界以深刻改变。对此,我们应重拾文化自信,通过在核心价值、文化形态、话语体系、平台建设以及传播方式等方面的根本提升,在全球多元价值博弈中更好地向世界阐明和宣传中国道路的独特价值、核心理念与根本逻辑,展示中国现代化开辟人类现代文明新道路的可能模式及其典范价值,既为世界现代化发展提供新的理路与借鉴,也加强我们与世界其他发展中国家进一步前行所必需的"同行意识"。

最后,源于文化自信的道路自信,经过社会生活和社会历史的打磨,进而转化并积淀为文化自信,才能真正获得持久的生命力与广泛的影响力。改革开放以来,在中国共产党的领导下,中国道路的具体实践特别是改革发展取得了伟大成就。正确有效的实践会变为习惯,习惯会变为理念,理念会变为价值,价值会塑造命运。走中国特色社会主义道路的坚定与自信已成为社会共识并内化于心,转化为自觉坚持的理念价值,这必然会渗透进已有的文化习惯中,成为中华历史文化与当代中国先进文化、民族精神与时代精神、社会主义核心价值观与现代生活价值理念等相互结合的关键点与着力点,在经受住已有文化立场的检验后,融汇成新的文化内涵,在此基础上的文化自信,反过来又会渗透于实践途径之中,支撑和激励我们在这条路上走得更好。这种在道路探索和实践中的反思、传承和建构,既促进中华文化在全球化时代的自我整合、凝练、提升、传播,也使自身获得更为深厚持久的文化积淀与文化源泉,从而坚定走中国特色社会主义道路的信心,引领中国发展进入新时代。

第三节　文化自信为理论自信提供丰厚滋养

理论自信是对中国特色社会主义理论体系的科学性、真理性、正确性的自信。坚持理论自信就是全党和全国人民坚定对中国特色社会主义理论体系特别是习近平新时代中国特色社会主义思想的正确性、真理性发自内心的肯定与相信。文化自信是理论自信的根基和本质,理论自信是文化自信的凝练和精髓。理论自信深深根植于文化自信,也能够进一步提升文化自信,二者同步发展才能为道路自信、制度自信提供思想基础与制度基础。

一、文化自信具有滋养理论自信的功能

先进的理论必须有深厚的文化支撑才能发挥指导实践作用。文化自信既是基于中华民族苦难和奋斗史的文化自觉与自豪,又是中华民族寻找自身伟大复兴之路的文化史的历史展示。这是一种既热爱自己的民族文化又海纳百川的包容精神、既积极奋进又不卑不亢的文化精神。有了这种自信,我们的历史文化、红色文化和社会主义先进文化才能不断迸发活力,理论自信才能因扎根于文化沃土而更加笃定。

历史文化为理论自信提供滋养。文化,特别是思想文化是一个国家、一个民族的灵魂。无论哪一个国家、哪一个民族,如果不珍惜自己的思想文化,丢掉了思想文化这个灵魂,那么这个国家、这个民族是立不起来的。中国传统思想文化体现着中华民族世世代代在生产生活中形成和传承的世界观、人生观、价值观、审美观等,其中,最核心的内容已经成为中华民族最基本的文化基因。这些最基本的文化基因,是中华民族和中国人民在"修齐治平"、知常达变、开物成务、建功立业的过程中逐渐形成的有别于其他民族的独特标识。中国特色社会主义不是从天上掉下来的,而是我们党和人民站在九百六十多万平方千米的广袤土地上,吮吸着中华民族漫长奋斗积累的文化养分,历经千辛万苦、付出各种

代价取得的宝贵成果。中华历史文化的历史影响和意义非常重要,将中华历史文化提升到崭新阶段,赋予中华历史文化新的时代内涵,运用中华历史文化治国理政,阐发中华历史文化应对国内外重大挑战,将中华历史文化转化为实现中华民族伟大复兴、构建"人类命运共同体"的强大精神力量。中华历史文化是习近平新时代中国特色社会主义思想的重要来源之一,关于中华历史文化的重要思想、重要论断也是习近平新时代中国特色社会主义思想的重要内容,如果不能科学而充分地认识和理解中华历史文化的地位和作用,就不能深刻领会习近平新时代中国特色社会主义思想中的文化建设思想。

鲜明独特、奋发向上的革命文化和承前启后、继往开来的社会主义先进文化是理论自信的重要基础。革命文化是中国共产党和中国人民在长期的革命斗争实践中形成的,是凝聚着共产党人和革命群众独特思想和精神风貌的文化。从井冈山精神、长征精神、延安精神、西柏坡精神,到雷锋精神、大庆精神、"两弹一星"精神,再到航天精神、北京奥运精神、抗震救灾精神,这些富有时代特征、民族特色的宝贵财富,蕴含着丰富的革命精神和厚重的历史文化内涵,它既根植于中华历史文化,又成为社会主义先进文化发展的直接来源。承前启后、继往开来的社会主义先进文化是对中华民族历史文化和红色革命文化的继承和发展,是以马克思主义为指导而进行的文化创造。社会主义先进文化的明显特征是中国特色社会主义的共同理想、以爱国主义为核心的民族精神和以改革创新为核心的时代精神以及社会主义核心价值观。在社会主义建设和改革实践中,我们创造了中国道路、中国模式、中国奇迹,这已充分说明社会主义先进文化是一种有生命力的文化,是一种体现人类文明发展进步方向的文化。革命文化和社会主义先进文化,都是我们党在领导人民进行伟大社会革命过程中形成的重要精神成果,是文化自信的最直接的力量泉源,为坚定理论自信提供了强有力的支撑。

二、理论自信具有引领文化自信的作用

理论是人们由实践概括出来的关于自然界和社会的系统性知识,这种知识具有普遍性,对人们的生产、生活、思想等具有重要指导作用。先进的理论必然吸取文化发展的精华,并指导文化进步和社会发展。

恩格斯说过:"一个民族要想站在科学的最高峰,就一刻也不能没有理论思维。"中华民族要实现伟大复兴,也同样一刻不能没有理论思维。马克思主义始

终是我们党和国家的指导思想,是人们认识世界、把握规律、追求真理、改造世界的强大思想武器。回顾党的奋斗历程可以发现,中国共产党之所以能够历经艰难困苦而不断发展壮大,很重要的一个原因就是我们党始终重视思想建党、理论强党,使全党始终保持统一的思想、坚定的意志、协调的行动、强大的战斗力。当前,改革发展稳定任务之重、矛盾风险挑战之多、治国理政考验之大都是前所未有的。我们要赢得优势、赢得主动、赢得未来,必须不断提高运用马克思主义分析和解决实际问题的能力,不断提高运用科学理论指导我们应对重大挑战、抵御重大风险、克服重大阻力、化解重大矛盾、解决重大问题的能力,以更宽广的视野、更长远的眼光来思考把握未来发展面临的一系列重大问题,不断坚定马克思主义信仰和共产主义理想。

习近平新时代中国特色社会主义思想是马克思主义中国化的最新成果,是中国特色社会主义理论体系的重要组成部分,是当代中国马克思主义。由此,我们在理论上前所未有地更加自信。推动社会主义文化繁荣兴盛,是习近平新时代中国特色社会主义思想的重要内容。发展中国特色社会主义文化,就是要坚持以习近平新时代中国特色社会主义思想为指导,坚定文化自信,增强文化自觉,坚持走中国特色社会主义文化发展道路,激发全民族文化创新创造活力,建设社会主义文化强国。以理论自信来引领并不断丰富文化自信,应重点把握以下几个方面的关键点。

一要坚持用社会主义核心价值观凝心聚力。核心价值观是一个国家的重要稳定器。一个民族、一个国家,如果没有共同的核心价值观,就会魂无定所、行无依归。一个民族、一个国家的核心价值观必须同自身的历史文化相契合,同自身正在进行的奋斗相结合,同自身需要解决的时代问题相适应。培育和践行社会主义核心价值观,要着力培养担当民族复兴大任的时代新人,要注重全方位贯穿、深层次融入,要在落细、落小、落实上下功夫。

二要加快构建中国特色哲学社会科学。哲学社会科学作为人们认识世界、改造世界的重要工具,是推动历史发展和社会进步的重要力量。要坚持以马克思主义为指导,按照立足中国、借鉴国外,挖掘历史、把握当代,关怀人类、面向未来的思路,着力构建中国特色哲学社会科学,在指导思想、学科体系、学术体系、话语体系等方面充分体现中国特色、中国风格、中国气派。

三要提高党的新闻舆论传播力、引导力、影响力、公信力。要高举旗帜、引领导向,围绕中心、服务大局,团结人民、鼓舞士气,成风化人、凝心聚力,澄清谬误、明辨是非,连接中外、沟通世界。全面把握意识形态的领导权和话语权,始终把正确政治方向摆在第一位,牢牢坚持党性原则,牢牢坚持马克思主义新闻观,牢牢坚持正确舆论导向,牢牢坚持正面宣传为主。

四要进行无愧于时代的文艺创造,再造文艺精品创作的新高峰。必须坚持以人民为中心的创作导向,深刻认识和把握好文艺与人民的辩证关系,创作生产出无愧于我们这个伟大民族、伟大时代的优秀作品,要把创作生产优秀作品作为文艺工作的中心环节。大力弘扬社会主义核心价值观,尊重和遵循文艺规律,尊重文艺工作者的创作个性和创造性劳动。

五要着力推动中华历史文化创造性转化、创新性发展。中华历史文化是中华民族的"根"和"魂",是最深厚的文化软实力,是中国特色社会主义根植的沃土,是我们在世界文化激荡中站稳脚跟的根基。要推动历史文化与现实文化相融相通,加强研究阐释工作,讲清楚中华文化的历史渊源、发展脉络、基本走向,讲清楚中华文化的独特创造、价值理念、鲜明特色。

六要提高国家文化软实力。文化软实力集中体现了一个国家基于文化而具有的凝聚力和生命力,以及由此产生的吸引力和影响力。既要深化文化体制改革,推动文化事业和文化产业发展,更好地构筑中国精神、中国价值、中国力量,夯实国家文化软实力的根基,也要不忘本来、吸收外来、面向未来,着眼扩大中华文化影响,推进国际传播能力建设,讲好中国故事,向世界展现真实、立体、全面的中国。

历史和实践一再证明,文化自信和理论自信必须有机融合,相互促进,并共同致力于提升民族自信,才能依托民族国家的生命载体,不断发展和繁荣。当前,面对国内外形势的新变化、新挑战,我们要在习近平新时代中国特色社会主义思想指引下,不断丰富文化发展,坚定道路自信、理论自信、制度自信、文化自信。

第四节 文化自信是制度自信的灵魂与内核

"制度"有广义和狭义之分。就广义而言,制度是指在一定条件下形成的政治、经济、文化等方面的体系,如政治制度、经济制度、社会主义制度、资本主义制度等;就狭义而言,制度是指一个系统或单位制定的要求全体成员共同遵守的办事规程或行动准则。作为"四个自信"之一的"制度自信",从广义的角度来理解其"制度"的含义,即"中国特色社会主义制度"。文化是人类在社会历史发展过程中所创造的物质财富和精神财富的总和。制度与文化之间有着密切的联系,无论是从广义与狭义的制度定义来看,还是从各个具体的制度形态来看,制度都是人类文化的重要组成部分。因此,文化自信和制度自信之间,存在关联性、交互性。

改革开放以来,中国保持快速的经济增长,并顺利进入高质量发展主导的新阶段。我国在文化、社会、生态文明建设上取得了一系列重大成就,这些伟大成就的取得具有深刻的理论与现实根源。其中,确立一套适合中国国情、根植于中国文化传统、在改革开放实践中不断完善和发展的中国特色社会主义制度,是中国成功的关键因素。

一、制度自信的科学内涵

从社会性质和生产力发展要求方面来看,制度是决定一国社会性质的具体标志,也是决定一国经济社会发展效率的重要因素。前者从制度的价值选择界定其性质,后者从国情和生产力发展的要求界定其内容。制度自信就体现为这两个方面的自信,从中国特色社会主义制度的优越性方面来看,制度自信是指中国共产党对自身制度设计优越性的充分肯定和对这一优越性得以继续发挥的坚定信心。从中国特色社会主义制度的接受和认同的角度来看,制度自信是对中国特色社会主义制度和制度体系基于高度认同基础上所产生的一种自信心和自豪感。从根本上说,制度自信就是对中国特色社会主义制度具有制度优势的自信。近代以来的历史发展表明,中国特色社会主义制度是最能适应中国社会主义现代化建设需要、保证各项事业顺利开展的制度体系。

党中央提出了文化自信,把"三个自信"发展为"四个自信"。"四个自信"是一个统一的整体,其中,制度自信是道路自信、理论自信和文化自信的载体和保障,它集中体现了道路自信、理论自信和文化自信的深刻内涵,为道路自信、理论自信和文化自信提供了制度保证。离开制度的根本保障,理论、道路和文化就失去了归宿,自信也就无法生成和坚守。就此而言,中国特色社会主义制度是中国特色社会主义道路、理论和文化得以发展的载体,同时为它们三者的发展提供保障。人民代表大会制度保障了人民行使国家权力,人民得以当家做主。中国共产党领导的多党合作和政治协商制度则为坚持党的领导、推进政党协商、提高科学决策水平提供保障。民族区域自治制度的实施为各民族发展与和睦相处提供保障。基层民主制度使基层的民主权利得到保障。基本经济制度和分配制度使社会主义市场经济得以充分发展。对这些中国特色社会主义制度的坚持，意味着对我们中国特色社会主义理论体系的科学指导作用的充分肯定，意味着我们必须沿着所开辟的道路不偏离预期的轨道运行，意味着我们必须真正落实文化自信"是更基础、更广泛、更深厚的自信"，因而，对制度的自信也就是对其他三个方面的自信。

文化自信是制度自信的精神内核。文化自信是一种心理状态，表现为在充分肯定本国家和本民族文化的基础上，产生出的文化荣誉感和坚定信念。文化自信从来不是孤立的，它存在于人民群众工作、生活、娱乐等方方面面，它能够使人们在日常生活中自觉感知到蕴藏的文化感召力。从这个角度来说，文化自信是制度的文化根基和精神内核，可从以下几个方面深化认识。

第一，马克思主义及其中国化理论成果决定制度自信的根本方向。中国特色社会主义的制度自信的一个带有根本性的前提条件就是中国特色社会主义，而中国特色社会主义最本质的特征是党的领导。马克思主义及其中国化的理论成果，就是以革命文化为主要内涵的中国社会主义先进文化。革命文化的发展使社会主义先进文化形成了更为鲜明的中国特色，决定了制度自信的根本方向。近代以后，中国逐步沦为半殖民地半封建国家，一步步陷入民族危机的灾难中。中国共产党的诞生，改变了中华民族的命运。在此过程中，中国共产党深刻地认识到，实现中华民族伟大复兴，必须建立符合我国实际的先进社会制度。党团结带领人民完成社会主义革命，确立社会主义基本制度，推进社会主义建设，完成了中华民族有史以来最为广泛而深刻的社会变革，为当代中国一切发展进步奠定了根本政治前提和制度基础，实现了中华民族由近代不断衰落到根本扭转命运、持续走向繁荣富强的伟大飞跃。因此，中国特色社会主义承载着几代中国共产党人的理想和探索，凝聚着千万共产党人的奋斗和牺牲。历史充分证明，没有共产党，就没有中国特色社会主义，就没有中国今天的繁荣和富强。可以说，马克思主义激活了中华文化那些蛰伏在深处的力量和活力，也只有在马克思主义思想指导下，中国特色社会主义的制度自信才能找准根本性的正确方向。

第二，深厚的中华历史文化及其价值指向奠定制度自信的历史根基。一个民族的兴旺、一个国家的崛起,都离不开自信的精神品质。从古代到现代,从中国到外国,人类社会的每一次进步,无不伴随着先进文化的积极引领和精神力量的不断增强。中华民族历来对自己的文化有着强烈的认同感和自豪感,始终是一个有志气、有自信的民族,虽然饱经沧桑但仍不屈不挠。正是内源于中国历史文化的精神品质,中华民族和中国人民选择了中国共产党,并在中国共产党的领导下,经过艰苦卓绝的斗争,建立了中华人民共和国,开辟了中国历史的新纪元,形成了完整的制度体系、科学的制度结构和严谨的制度逻辑。十月革命一声炮响,给中国送来了马克思列宁主义,并实现了与中华民族五千多年历史文化的精神内核与中国现实的有机结合。民族、国家和人民历史性地选择了中国共产党,在党的领导下建立和发展了中国特色社会主义制度,并将最终取得中国的社会主义事业的伟大胜利。

二、制度自信是文化自信的理性建构和保障

中国特色社会主义制度源于对中国特色社会主义的探索。中华人民共和国成立后,中国人民在党的领导下,通过总结中国特色社会主义的实践经验,形成完整的制度体系、科学的制度结构和严谨的制度逻辑,又在实践中进一步创新和发展中国特色社会主义制度,推动中国特色社会主义制度更加成熟更加定型,形成了一套由根本制度、基本制度和具体制度构成的,并在经济、政治、文化、社会等各个领域形成的一整套相互衔接、相互联系的制度体系。坚定制度自信,必须坚定道路自信、理论自信、文化自信,剔除将中国特色社会主义制度"西化"的悖论,把中国特色社会主义伟大事业不断推向前进。

首先,以制度自信筑牢意识形态安全屏障。文化自信是一个民族、一个国家以及一个政党对自身文化价值的充分肯定和积极践行,并对其文化的生命力持有的坚定信心。要坚持党的领导,这是坚定政治制度自信之本。一个国家选择什么样的政治制度,是由这个国家的国情和经济社会条件决定的。中国共产党是中国特色社会主义事业的领导核心,党的这种领导地位,是在领导中国人民进行革命、建设、改革的长期实践中形成的,是历史的必然、人民的选择。中国特色社会主义政治制度之所以行得通、有生命力、有效率,就是因为它是从中国的社会土壤中生长起来的。要坚持人民当家做主,这是坚定政治制度自信之源。人民民主是社会主义的生命,人民当家做主是社会主义民主政治的本质和核心。人民当家做主不是一句口号,不是一句空话,它是中国特色社会主义建

设事业焕发蓬勃生机和活力的源泉,为坚定中国特色社会主义政治制度自信提供不竭动力。要坚持依法治国,这是坚定政治制度自信之基。政治制度自信来自制度本身的合理性和有效性所形成的政治认同,宪法是政治制度最高的法律规范,是人民的共同意志和根本利益的集中反映。法律是治国之重器,法治是国家治理体系和治理能力的重要依托,推进国家治理体系和治理能力现代化,必须坚持依法治国。因此,只有旗帜鲜明地坚持制度自信,坚持中国道路、弘扬中国精神、凝聚中国力量,才能引导广大干部群众为实现第二个百年奋斗目标和中华民族伟大复兴的中国梦而奋斗。

其次,以制度自信自主构建和丰富治国理政的内涵。在漫长的历史进程中,中华民族创造了独树一帜的灿烂文化,积累了丰富的治国理政经验,其中既包括升平之世社会发展进步的成功经验,也有衰乱之世社会动荡的深刻教训。一方面,党中央借鉴"因民之所利而利之"的利民、富民思想,汲取"法令行则国治,法令弛则国乱"的治国理念,大力推进"全面依法治国",建设社会主义法治国家。在党的群众路线教育实践活动、"三严三实"等工作中,深入贯彻全面从严治党的战略思想。另一方面,党中央团结带领全党全国各族人民,紧紧围绕实现第二个百年奋斗目标和中华民族伟大复兴的中国梦,坚持和发展中国特色社会主义,统筹推进"五位一体"总体布局、协调推进"四个全面"战略布局,迎难而上,开拓进取,取得了改革开放和社会主义现代化建设的历史性成就,解决了许多长期想解决而没有解决的难题,办成了许多过去想办而没有办成的大事,推动中国共产党和国家事业取得了历史性成就、发生了历史性变革,中国特色社会主义进入新时代。在治国理政新实践中,中国共产党人顺应时代发展,从理论和实践结合上系统回答了新时代坚持和发展什么样的中国特色社会主义、怎样坚持和发展中国特色社会主义,这个重大时代课题形成了习近平新时代中国特色社会主义思想,为夺取新时代中国特色社会主义伟大胜利、实现中华民族伟大复兴的中国梦、实现人民对美好生活的向往提供了行动指南,也为推动构建人类命运共同体、促进人类和平与发展事业贡献了中国智慧和中国方案。

最后,以制度自信推动人类命运共同体理念深入人心。人类命运共同体理念已然成为推动全球治理体系变革、构建新型国际关系和国际新秩序的共同价值规范。中国方案引领全球治理新秩序。我们提出人类命运共同体理念,就是因为对自己的制度有充分的自信。自信的底气源于治党治国成效,改革开放以来,中国特色社会主义取得了举世瞩目的成就,中国正在迎来从站起来、富起来到强起来的伟大飞跃,让"历史终结论"终结,让"中国崩溃论"崩溃。作为一种理念,人类命运共同体既是一种规范,也是一种理想。在文明方面,面对多元文明,西方国家,对待不同文明是持排他性态度;中国态度则是以和为贵、"和而不同",尊重、包容不同。人类命运共同体描绘了中国所勾画出的未来世界蓝图,回答了"人类社会向何处去"这一重大命题,正是来自我们坚信的"中国特色社会主义制度"及其取得的巨大的历史性成就。

　　文化自信不是抽象的、凭空产生的,要使文化具有吸引力、说服力,就必须回到人们的生活与实践之中。中国特色社会主义进入新时代,在习近平新时代中国特色社会主义思想指引下,我们必将深入践行新发展理念,在推动中国特色社会主义道路建设、理论建设、制度建设和文化建设上取得更大进展,让文化自信重铸中国特色社会主义魂魄,进一步夯实道路自信的基石,加快提升国家软实力建设,不断丰富中国特色治国理政思想的丰厚内涵,从而更有力地激发"四个自信"的恒久力量,让中国特色社会主义文化的大繁荣大发展更加彰显人类文明发展的多样性,让"四个自信"托起的中国特色社会主义伟大事业,为人类对更好社会制度的探索提供中国方案,为世界发展、人类文明做出新的贡献,并在世界文化的交流交融中,提升和深化中国特色社会主义的道路自信、理论自信、制度自信和文化自信!

第四章

用历史文化培育文化自信

第一节　历史文化培育文化自信的可行性

近代以来,特别是 20 世纪 80 年代中后期以来,弘扬历史文化逐渐升温,但由于历史文化遭受过多的批判和质疑,很多人对用历史文化培育文化自信仍然信心不足。因此,我们有必要对用历史文化培育文化自信的时代境遇进行分析和阐释。

一、当代社会文化自信不足的现象

实际上,目前中国还存在着缺乏文化自信的现象。这种现象在很多方面都有体现,如民族文化认同感较低、文化忧患意识淡漠、文化消费心理失衡等。

(一)民族文化认同感低

民族文化认同感低是文化自信不足的一个主要表现。作为一种心理活动和价值体认,文化认同感是受多方面因素影响的,盲目崇外、盲从外来文化是造成历史文化认同感低的主要原因之一。受外来文化,特别是西方文化的影响和冲击,一些中国人的文化思想和价值观发生了潜移默化的变化。盲目崇外现象近年来虽大为改观,但仍然存在,导致人们对本民族历史文化认知积极性减弱,对外来文化过分推崇。在中西文化比较中,将中西文化的差异性误判为文化差距,以此为标准对文化的先进与落后作出判断,导致思想偏差,这与近代以来部分人在学习借鉴西方文化过程中形成的盲从心理有关。盲从外来文化,其实质就是文化不自信,甚至可以说是文化自卑,对自身文化持有一种轻视、怀疑的态度,认为中国历史文化不如外来文化,例如,很多年轻人对圣诞节、感恩节、情人节等国外节日如数家珍,对民族节日的历史由来和蕴含的民族精神却日渐淡忘；好莱坞影片的国内票房居高不下；西餐、洋快餐广受年轻人的喜爱等。更糟糕的是，一些年轻人在西方文化价值观的影响下，出现了拜金主义、功利主义、历史虚无主义等倾向，严重阻碍了他们的身心健康发展。近年来，中国人的文化自信不足现象已有所改观，对于西方文化的盲目崇拜少了，理性分析和客观评价多了；对待西方文化的态度上妄自菲薄少了，民族文化自觉和文化自信多了。

此外，现代生活的快节奏和互联网时代碎片化信息的冲击是导致历史文化认同感低的另一个主要原因。中华历史文化是中华民族几千年来的思想积淀和文化精粹，具有较高的精神立意和浓厚的人文气息。若想真正领悟其精华要义，品味其流觞之美，需要一定的知识底蕴和思想阅历，更需要平心静气的思维聚焦和心无旁骛地潜心钻研。然而，快节奏的当代生活、网络和智能手机带来的信息大爆炸及知识的碎片化致使人们难以拨冗品味经典，感受其文化魅力也越发困难。因此，有些人因接触不到历史文化，进而不了解其思想精髓和精神要义，便误以为中国历史文化已经失去时代价值。

（二）文化忧患意识淡漠

文化"忧患意识"在近代才被真正明确地提出。1840 年，当时的一些思想家、文学家窥见封建帝国大厦轰然倒塌之前砖飞瓦崩的一瞬。作为一种意识主体的积极活动，他们对世事令人叹服的预感，往往通过浓重的忧患意识呈现出来。已收集的资料表明，文化忧患意识最早是由徐复观在《中国人性论史：先秦篇》中率先提出的。他说："忧患意识乃人类精神开始直接对事物发生责任感的表现，也即是精神上开始有了人的自觉的表现。"[①]在徐复观的界定中，"责任感"是关键词。徐复观认为，忧患意识是中国文化发展的内在动力，推动了中国文化的形成和发展，激发了中国知识分子的责任感与创造力，使他们致力于弘扬中国文化，造福中国民众。忧患意识在中国历史文化中也有大量的体现，如孔子所说的"人无远虑，必有近忧"（《论语·卫灵公》）、孟子所说的"生于忧患而死于安乐"（《孟子·告子下》）等。许多西方思想家对忧患意识也有论述。海德格尔在《存在与时间》中追问何为本真的生活，他的结论就是"面对死亡的谋划"。人正是在对自身是有限存在者的忧患意识中，建立起有意义的人生的。

---

① 徐复观.中国人性论史：先秦篇[M].北京：九州出版社，2014.

改革开放以来,我们抢抓世界发展机遇,并取得了辉煌的经济成就,但有没有可能因此沉浸在改革开放所取得的巨大成就的喜悦中而淡漠了忧患意识呢?

事实上,当代文化忧患意识淡漠现象仍然存在。例如,盲目乐观,对自身文化过分自信,甚至自负,在弘扬历史文化时不加甄别地将传统思想中的糟粕一同加以宣扬,忽视对历史文化的创造性转化和创新性发展,导致中国特色社会主义文化的发展根基不牢,后劲不足。又如,对世界文化激荡带来的冲击和挑战认识不足,忽视民族文化的传承与发展,在摒弃历史文化糟粕时,将历史文化全盘否定,走向另一个极端——"文化虚无主义"。文化虚无主义的特征是对历史文化持完全否定的态度,否定历史文化的一切价值,蔑视贬损任何主流和权威,最终造成价值无序、道德滑坡、信仰危机及思想迷茫。一旦陷入这种非理性的状态,我们对历史文化的弘扬便会受到严重影响,进而丧失文化自信。因为文化自信意识与文化忧患意识是辩证统一的:自信意识是基于忧患的自警自励,忧患意识是基于自信的居安思危。

(三)文化消费心理失衡

马克思主义的唯物史观告诉我们社会存在在社会生活中起决定性作用。封建社会进入现代社会的一个显著标志是"庞大商品的堆积"(《资本论》)。坚实的物质基础实现了"以物的依赖性为基础的人的独立性"(《1857—1858 年经济学手稿》),使广大人民从为了生存而必须从事的物质生产中获得了极大的解放。人们的自由时间越来越多,消费结构也发生了很大变化,文化消费成为其中的一个重要方面。改革开放以来,随着我国经济增长驶入快车道,人们的物质生活得到丰富和发展,精神文化消费也在不断提高,文化消费的相关研究也逐渐成为焦点问题。尹世杰以马克思主义理论为基础,提出了"精神文化消费"。尹世杰认为,"精神文化需要,主要是享受资料、发展资料的需要"。这种文化生活需要或自身发展需要主要包括对教育培训的消费需求,对娱乐休闲的消费需求,以及对文化、艺术、精神追求的消费需求。所以说,文化消费的内涵主要集中在人们的精神文化方面。文化消费主要是指人们为了满足自己的精神文化生活而采取不同的方式来消费精神文化产品和接受精神文化服务的行为。

文化消费心理就是针对文化消费的内容进行选择时的心理状态,如面对历史文化和西方文化时,我们的心理更倾向于何种选择。当今,有些中国人热衷于"去中国化""去主流化",一味追捧国外作品,文化消费心理严重失衡。此外,在很多消费领域里,有相当一部分比例的人只选择那些国外的知名品牌。各种媒体频频出现有关国外购物的旅游团体和游客狂热追求西方名牌消费品的报道,这些都表明当前我国仍存在文化消费心理失衡问题。

二、文化自信不足的历史文化原因

文化自信不足会产生许多负面影响,如会陷入对历史文化的轻视,丧失民族主体性,中华民族伟大复兴的中国梦的实现缺少智力支持等。弄清楚文化自信不足的原因是解决这一问题的前提。当今文化自信不足是由多方面因素造成的,历史文化原因是其中一个重要方面,例如,对历史文化缺乏足够的认知、认同及创新转化能力不足等,应引起足够的重视。

(一)历史文化认知较为薄弱

当前,我们历史文化认知积极性不高的现象仍普遍存在。其原因是多方面的:有历史原因,也有现实原因;有经济方面的原因,也有政治方面的原因,但最主要的原因还是对历史文化缺乏深入的了解。

近代以来,我国一批先进知识分子和革命志士努力寻求救国图强之路,对中国落后的根源——封建旧礼教、旧道德、旧思想、旧文化等进行了激烈的批判,对封建思想的桎梏进行了猛烈的抨击。在此过程中,有人将旧文化等同于历史文化,应全面否定,坚决摒弃,这种错误的认识在客观上阻碍了历史文化的发展,特别是历史文化的继承和发扬。

改革开放以来,我们的当务之急是发展经济,使中国人民尽快富裕起来,在实现共同富裕的道路上,靠的是科学技术。当今,世界各国在政治、经济、文化等方面的交往更加频繁,但更多体现在经济方面。历史文化产生于自然经济的基础上,人们往往误以为它与现代市场经济关系不大,且历史文化很少能直接带来经济效益。因此,历史文化的经济价值往往被人们忽视,致使对历史文化认知的积极性弱化。

(二)历史文化意义认识不够

对历史文化意义认识不到位也会导致人们对历史文化的不自信。如果我们未认识到历史文化的价值和意义,那么通过历史文化培育文化自信必然无法践行。

一方面,我们对历史文化的育人意义认识不足。文化的意义首先在于"以文化人",即通过文化教化人,使人心智健康成长。从生物学角度来说,人是动物的一种,因此具有很多动物的特征。动物的全部活动几乎都围绕如何使自身生存下去,表现为单纯的趋利避害。荀子将动物式的趋利避害称为"恶",由此也提出了"人之性恶明矣"的判断。如果荀子的性恶论是正确的,那么没有文化的育人过程,动物性的"恶"就会滋生蔓延,世界就会变得愚昧野蛮。历史文化不仅能够教人克服"恶",而且在很多品质方面都有着充分的育人功能。比如,劝导人积极上进的"天行健,君子以自强不息",劝导人孝顺父母的"孝"文化,劝导人诚实、自律、中庸、干净、明礼,等等。看不到历史文化的育人意义,直接导致无法通过历史文化培育出文化自信。

另一方面,我们对历史文化在治国理政方面的意义认识不足。客观地讲,中国人对历史文化治国理政思想的当代意义重视不够,主要原因在于历史文化产生于封建专制社会,带有封建主义思想,为封建专制社会服务,导致人们误以为它无法适应当代社会,这在一定程度上淡化了历史文化在治国理政方面的涵养价值。但事实上,历史文化不仅可以为人们认识和改造世界提供有益启迪,为道德建设提供有益启发,也可以为治国理政提供有益启示,如历史文化中的"先天下之忧而忧,后天下之乐而乐"的担当精神;"苟利国家生死以,岂因祸福避趋之"的报国情怀;"安而不忘危,存而不忘亡,治而不忘乱"的忧患意识等,都有利于我们培养爱国主义精神,实现国家的长治久安。"以和为贵""和而不同""睦邻友邦""天下大同"等理念为维护世界和平,构建人类命运体提供了丰富的思想资源。"重义轻利""富贵不淫"的道德品性有利于我们加强公民道德修养,树立良好的社会风尚。因此,不应过度强调历史文化发起于我国的封建社会而忽视它在当今治国理政中的作用。中国特色社会主义道路的选择就是从历史传承和文化传统中走出来的,中国历史文化的思想力量和智慧支持也必定能为实现我国治理体系和治理能力现代化做出更大贡献。

(三)历史文化创新转化不足

历史文化只有随社会发展不断创新转化,才能永葆生命活力,才能真正用以培育文化自信。对那些经过改造能够为现代化建设服务的历史文化,既不能全部继承,也不能全部抛弃,而是要推陈出新,进行创造性转化。"推陈出新"四字精辟地阐释了对历史文化进行创新性转化的原则。所谓"推陈",就是要重视历史文化的价值;所谓"出新",就是要对历史文化进行创新性转化。历史文化只有展现出传承创新的样态才能彰显自身旺盛的生命力,才能够有效地提升文化自信。在当今全球文化竞争的年代,历史文化能不能进行创新性转化,是关系到我们能不能确立起文化自信的决定性因素之一,其重要性不言而喻。历史文化进行创新性转化并不仅仅是一种主观的愿望,还是源于时代发展对文化求新的要求。对此,马克思揭示得最为深刻:"理论在一个国家实现的程度,总是取决于理论满足这个国家需要的程度。"由此可见,对历史文化的创新性转化与马克思主义理论有高度契合之处,也是当下发展中国特色社会主义文化的一个重要命题。

三、用中国历史文化培育文化自信的可行性

历史文化产生于封建专制社会,当今我国是人民民主专政的社会主义国家,社会性质的根本变化使人们产生这样的疑问:历史文化在当代社会有用吗?在新的历史发展时期,它又扮演什么样的角色呢?事实上,封建专制社会只是历史长河中的一个发展阶段,与其他历史发展阶段之间存在着不可割裂的关系,因为社会具有历史的连续性;文化作为思想层面的上层建筑本身具有相对的独立性,如历史文化中蕴藏着不受时代限制的持久价值,成为新时代文化发展的不竭动力。此外,历史实践中也不乏将历史文化应用于现代社会发展的成功经验,东亚儒家文化取得的巨大成绩就足以证明这一点;最重要的是,中国共产党对历史文化的思考和认识启发我们,只有夯实历史文化基础、持有辩证思维、坚持创新转化,用历史文化培育文化自信才会切实可行。

(一)社会具有历史连续性

长期以来,人类一直都在为种族生存而斗争,种族的延续成为压倒一切的目标。马克思认为,尽管亚洲各国为了争夺统治权经常改朝换代,但亚洲的社会没有变化。这种社会的基本经济要素的结构,不为政治领域中的风暴所触动。按照马克思主义哲学量变和质变的辩证关系原理,量变和质变是相互渗透的。量变和质变互相依存、相互贯通,不存在绝对的量变和质变的界限,量变是质变的必要准备,质变是量变的必然结果。传统社会不断地发生多方面的量变,比如,随着物质财富生产能力的提升,个体独立性增强。但无论个体独立性强到什么程度都绝不会出现完全独自生存的情况,因此人与人之间的伦理关系、政治关系等就会具有连续性。另外,从否定之否定规律来看,辩证否定观的实质是"扬弃",扬弃的内涵是新事物对旧事物既批判又继承,既克服其消极因

素又保留其积极因素。传统社会属于旧事物,现代社会属于新事物,发展现代社会应对传统社会持有正确态度,既批判又继承,既克服其消极因素又保留其积极因素。比如,我们既要继承传统社会中的"己所不欲,勿施于人"和"人之性善"优秀的传统文化,又要克服"君为臣纲,父为子纲,夫为妻纲"落后的思想观念。可见,传统社会和现当代社会一直保持着相对的连续性,这就表明历史文化中适应当代社会的成分大量存在,这为我们用历史文化培育文化自信提供了可行性。

(二)文化具有相对独立性

近代中国经历了内忧外患、挨打落后艰辛的历程,其原因是多方面的,旧文化、旧思想的影响难辞其咎,人们似乎已经认定历史文化是阻碍社会发展的桎梏,需要新文化、新思想取而代之。中国人民在尝试了各种救亡图存的道路之后,找到马克思主义,使中国实现了民族的独立和人民的解放。在中国,马克思主义理论处于指导地位,深深地影响着中国人的思维方式。马克思主义的唯物史观认为,社会存在决定社会意识,经济基础决定上层建筑。有些人对马克思主义的这一科学论断有所曲解,机械地、教条地认为产生于封建社会的历史文化无法适应现代社会,并因此形成了思维定式。但由于文化具有相对独立性,社会暂时落后不应该使我们失去对历史文化的自信。社会落后并不一定代表文化也落后。恩格斯在致康拉德·施米特的信中曾说过:"经济上落后的国家在哲学上仍然能够演奏第一提琴。"历史上有一段时期,英国的经济在世界上是领先的,法国的政治在世界上是领先的,而德国在理论研究方面领先于世界其他国家。马克思认为,德国的理论,尤其是黑格尔的法哲学在理论上表达了最先进的社会现实,"德国的法哲学和国家哲学是唯一与正式的当代现实保持在同等水平上的德国历史"。如果按照社会存在落后它的文化就一定落后的思维,那么如何解释马克思认为当时的德国在理论上是最先进的国家这种自信呢?从这种认为社会存在先进其社会意识才能先进的思维出发,中国经济在唐宋等时期曾一度领先,我们的历史文化也应该作为世界优秀的文化持续千余年。而对历史文化不自信的历史才不过百余年,由此就丧失对历史文化的自信显然过于草率和片面。

文化的相对独立性表现在文化的一些重要组成部分与社会存在并不是一一对应的关系。不容置疑,马克思的唯物史观在人类文明史上具有巨大的解释力,正如海德格尔所认为的:"因为马克思在体会到异化的时候深入历史的本质性的一度中去了,所以马克思主义关于历史的观点比其余的历史学优越。"在海德格尔看来,马克思的唯物史观看到了人受社会存在影响的一面,摆脱了哲学上一直从人本身出发去看人的狭隘性。马克思认为,社会存在决定社会意识,物质生产方式包括生产力和生产关系,生产关系决定了政治关系、家庭关系。这些伟大的发现,揭示了人类的社会存在属性。

但是,人类文化包含着很多受社会存在影响较小的成分。比如,伦理是文明的核心之一,历史文化中的"仁者爱人"、人性论的"善恶之辨"以及被誉为中国历史文化道德黄金定律的"己所不欲,勿施于人"等,这些文化在当代仍具有价值,应该得到继承和发扬。我们历史文化中蕴含着大量这样的文化,而且阐释的也极其深刻,经创造性转化和创新性发展,完全能够承载中国特色社会主义文化自信。

(三)中国共产党对历史文化的思考和认识

通过梳理中国共产党对历史文化思考和实践,我们从中可以归纳概括出其对弘扬优秀传统、增强文化自信的若干启示。

1. 用历史文化培育文化自信要夯实历史文化的知识基础

对历史文化的认识不能仅仅服从于政治需要。如果想真实地挖掘历史文化的当代价值,真正地用历史文化培育文化自信,首先要夯实历史文化的知识基础,在全面认知的基础上理性地、客观地对待历史文化。

2. 用历史文化培育文化自信要有辩证思维

中国共产党坚信的是唯物主义,认识问题的方法是辩证法,所以中国共产党对待历史文化也秉持着"一分为二"的辩证思维方法。总体上看,中国共产党在任何时期都能意识到历史文化中蕴含着"两面性",主张抛弃历史文化中封建主义的思想,认为历史文化是博大精深的思想体系,主张弘扬其中具有价值的东西。中国共产党这种辩证地看待历史文化的方式也是符合实际的。中国历史文化是世界文化长河中唯一没有断流、延续至今的古老文明,如果其中没有丰富的、具有持久价值的内容绝对不可能延续至今。但是,无论如何传统文化都是建立在传统社会存在的基础上的,一定包含不适应现代的东西,即使我们对历史文化抱有深厚的情感也不能丧失理性全盘接受。所以,中国共产党对待历史文化这种"取其精华,弃其糟粕"的辩证思维方式,是我们正确地用历史文化培育文化自信的重要经验。

3.用历史文化培育文化自信要与时俱进

建党初期,中国共产党以革命的姿态走进历史,革命当然要颠覆以往的旧思想,而历史文化是最能够代表传统思想的,因而受到排斥。近代以来,革命型的政党大多遵循着破旧立新的道路展开活动。中国共产党革命形象的构建与正当性是通过反帝反封建而逐步实现的,反帝反封建使党赢得了民众的支持拥护。中国共产党所倡导的"自由""民主"思想,显然和产生于封建专制社会的历史文化格格不入,因此陈独秀、瞿秋白等对历史文化不遗余力地全面痛斥。延安时期,中国共产党对历史文化的态度发生转变,当时国难当头,中国共产党的首要任务是以国家为重,积极促成国共两党实现合作,共同抵御日本侵略者。在这样的时代背景下,需要树立民族意识和爱国主义精神,而这两者都需要历史文化这个共同的根作为支撑。20世纪90年代初,中国共产党提出继承和发扬历史文化,与应对国外和平演变直接相关,与需要用历史文化培育爱国主义、凝聚中华民族自尊心和自信心紧密关联。当下,中国共产党提出实现中华民族伟大复兴的中国梦这一奋斗目标,无论是对外树立我们的民族标识,还是对内激发民众的爱国主义精神,都需要大力弘扬历史文化。因此,中国共产党对历史文化的思考和认识过程启发我们用历史文化培育文化自信要与时俱进,适应时代的需要。

(四)儒家文化圈取得成功的实践经验

历史文化不能完全适应当今社会毋庸置疑,但认为历史文化一无是处而采取完全摒弃的态度也是极为草率的。近代东亚儒家文化圈所取得的巨大成就,说明历史文化在当代社会仍具生命力,用历史文化培育文化自信具有现实可行性。

儒家文化圈覆盖东亚及东南亚部分地区,是指中国及受中国皇帝册封的周边国家或民族政权。这些中国周边的国家或民族政权以文言文作为交流的媒体,从中国历代王朝引进国家制度、政治思想并发展出相似的文化和价值观。儒家文化圈的文化特征是以人伦道德构建儒家社会、家庭,崇尚知识、敬天、奉祖。儒家的核心价值观主要包括仁、义、礼、智、信、忠、孝、廉、耻、勇等。

儒家文化圈中的日本、韩国等国家都很好地继承和发扬了历史文化。

1.政府积极地引导继承和发扬历史文化

比如,日本政府在1988年《文化振兴基本设想——为了实现文化立国》这份报告中,明确提出"21世纪是依靠本国文化资源和文化优势发展的世纪"。韩国政府在继承和发扬历史文化方面也做得比较好,提出了"文化立国"的口号,旨在努力开发以儒家文化为核心的韩国文化。

2. 培养大量以弘扬历史文化为己任的专职儒林队伍

日本政府设立了专门继承和发扬历史文化的基金。这些基金的一个重要支出是用于培养专职的儒林队伍。在韩国,弘扬历史文化的行动一度受到严重限制,但韩国在1945年成立了儒道会,它标志着韩国重新确立了历史文化在国家发展中的重要地位。目前,韩国共有儒道会400余个,培养儒林人才达百万之众。这些人为韩国继承和弘扬历史文化做出了巨大的贡献。

3. 大力保护历史文化遗迹、文物等以供人参观

日本政府十分重视保护各种历史遗迹和文物,在20世纪70年代就制定了《古社寺保护法》和《古器旧物保存法》。这两个法律法规对于保护日本的历史文化起到关键作用,此后日本政府又在21世纪初制定了《国宝保存法》和《古迹名胜天然纪念物保护法》。韩国也非常重视历史文化遗迹的保护工作,很多韩国人会自发地举行各种纪念活动。2001年,韩国安东市举行了"世界儒教文化节",在世界范围内取得了一定的影响。在此次儒教文化节上,韩国提出"用儒教换去今天精神道德的荒废,教育互相尊重、互相爱护、继续前行的新一代"。此外,韩国还通过历史文化表演等纪念活动,加强对历史文化的传承。

儒家文化圈中的日本、韩国在很好地继承和发扬了历史文化的同时,实现了经济和科技的现代化。在经济上,东亚地区各国的实力不俗,国民生产总值在世界前三名中就占据了两位:中国排名第二,日本排名第三。

在科技创新方面,日本国家创新指数排名第二位,韩国国家创新指数排名第四位,中国国家创新指数排名第十七位。儒家文化圈的一些国家在实现了对历史文化的保留、继承和发扬基础之上,在现代化的各项指标中取得了辉煌的成绩,这足以证明,中国的现代化进程虽然充满了艰辛,但是原因不能完全归咎于历史文化。事实证明,历史文化与现代化并不是完全对立的关系,历史文化与现代化可以协调对接。由此,用中华历史文化培育文化自信切实可行。

事实上,中国历史文化以其丰富的哲学思想、深邃的人文精神、强大的创新张力,在人类历史上曾一度独领风骚。虽然受所处时代历史条件和认知能力等限制,但其的思想光芒历经数千年照耀至今,其合法性毋庸置疑。近代西方文

化因其自然科学的强势地位而异军突起，显示出强大的优势。暂且不论哪种文化更为优秀，我们应该以海纳百川的宽厚胸怀充分尊重所有文化存在的合法性，包容互鉴、求同存异、和谐共生。人类文明没有高低优劣之分，因平等交流而变得丰富多彩，正所谓"五色交辉，相得益彰；八音合奏，终和且平"。

第二节　历史文化培育文化自信的原则

文化自信是一个国家、一个民族对自身文化价值的充分肯定和积极践行。中国历史文化作为中华民族几千年来的智慧沉淀，是当下中国特色社会主义文化的一种历史性表征，更是培育中国特色社会主义文化自信的丰厚根基和动力源泉。历史文化产生于过去，在新的时代背景下如何最大限度地汲取历史文化的精髓，使之更好地为培育中国特色社会主义文化自信服务，必须遵循一定的原则。本书认为，用历史文化培育文化自信应遵循三个基本原则：坚持马克思主义的指导地位；坚持以社会主义核心价值观为引领；坚持历史文化的创造性转化和创新性发展。

一、坚持马克思主义的指导地位

当前，中国正处于社会转变期，任何事情，包括文化方面的问题都要考虑现实情况，当今中国特色社会主义最本质的特征就是坚持中国共产党的领导。中国共产党是以马克思主义为指导的政党，而属于文化领域的内容，一定要用马克思主义对他们的思想内容和表现方法进行分析、鉴别和审视。因此，用历史文化培育文化自信也要坚持马克思主义的指导地位。

（一）确立马克思主义指导地位

第一，用历史文化培育文化自信要坚持以马克思主义为指导，这是由我国的社会性质决定的。历史文化是产生于传统社会并与之相适应的文化，对于维护传统社会的稳定起到了至关重要的作用。到了近代，中国人民在经历了种种艰辛探索之后，终于找到了实现国家独立和民族解放的正确道路，即坚持以马克思主义为指导。因此，马克思主义在文化思想领域的指导地位是中国人民的选择，也是历史的必然。马克思主义作为我国各个领域的指导思想也被明确写入《中华人民共和国宪法》："中国新民主主义革命的胜利和社会主义事业的成就，是中国共产党领导中国各族人民，在马克思列宁主义、毛泽东思想的指引下,坚持真理,修正错误,战胜许多艰难险阻而取得的。""中国各族人民将继续在中国共产党领导下,在马克思列宁主义、毛泽东思想、邓小平理论、'三个代表'重要思想、科学发展观、习近平新时代中国特色社会主义思想指引下……实现中华民族伟大复兴。"这就意味着,在我国文化的传承与发展必须以马克思主义为指导。正如有学者指出的:"社会主义国家不信仰、不坚持马克思主义就会变质,根本存在不下去。"

第二,用历史文化培育文化自信要坚持以马克思主义为指导,是由社会主义意识形态需要统一的指导思想决定的。当前中国这个统一的指导思想就是马克思主义。马克思以历史唯物主义为分析工具,客观地揭示了人类社会历史的发展规律,作出资本主义必将被共产主义所代替的科学论断,为无产阶级政党执政地位的合法性提供了理论依据。由于历史原因,中国历史文化中的世界观、人生观、价值观等与马克思主义理论存在不相契合之处,必须在马克思主义理论指导下实现创新转化,才能成为助力中华民族伟大复兴的精神动力。发展中国特色社会主义文化,就是以马克思主义为指导,坚守中华文化立场,立足当代中国现实。马克思主义理论是我国各个领域的指导思想,弘扬历史文化,培育文化自信,切不可动摇马克思主义理论的指导地位。

第三,用历史文化培育文化自信要坚持以马克思主义为指导,是由马克思主义理论的先进性决定的。众所周知,中国是"四大文明古国"之一,而且是世界上唯一一个文明延续至今的国家。文明没有断过流的,始终传承下来的只有中国,这个论断充分证明了中国历史文化的旺盛生命活力和永久魅力。但是,相比传统社会,现代社会发生了深刻的转变也是不容置疑的事实。因此,历史文化毫无疑问地存在着与现代社会不完全适应的巨大缺失。最先表达人类由传统社会进入现代社会的理论之一就是马克思主义理论。马克思主义理论深刻地揭示了人在现代社会的转变,如"感性丰富的人""每个人的自由发展是一切人自由发展的条件"。同时,马克思主义也深刻地揭示了当代社会的特点,即"以物的依赖性为基础的人的独立性"。可见,马克思主义并不是一成不变的,它始终能够根据客观实践而不断变化发展,揭示人类社会本质,这正是其理论先进性的重要表现。历史文化固然博大精深,但也存在一定的历史局限性,只有以先进的马克思主义理论为指导,才能获得更加强大的生命力,才能更有效地发挥培育文化自信的作用。

(二)坚定马克思主义信仰

正是由于有了马克思主义,中国的革命、建设和改革事业才取得了今天的巨大成就。没有马克思主义信仰、共产主义理想,就没有中国共产党,就没有中国特色社会主义。因此,用历史文化培育文化自信也要坚定马克思主义信仰。

对马克思主义信仰不够坚定的一个主要原因是社会多元化倾向。马克思主义理论体系庞大,内容深奥,只有系统学习和深入研究才能做到全面了解和深刻认识。而在现实生活中,为了应对出现的各类问题,人们会有意识地借鉴各种领域的理论知识,如关于心灵慰藉的、关于人际关系的、关于处世之道的、关于现实规则的、关于成功之道的、关于前生后世的、关于养生之道的等。从理论自身的特征来讲,可能陷入康德所说的"对因果序列的无限追溯之中",当某种理论被追溯到一定高度后,就有可能与马克思主义理论相冲突。对马克思主义理论信仰不够坚定的另一个主要原因是对马克思主义理论的认知不够深入。只有真正理解了马克思主义,才能在揭示共产党执政规律、社会主义建设规律、人类社会发展规律上不断有所发现、有所创造,才能更好地识别各种唯心主义观点、更好地抵御各种历史虚无主义谬论。由此可见,只有认真学习马克思主义理论,才能辨别各种理论的真伪,才能够破除各种错误理论的误导,增强对马克思主义的信仰。

用历史文化培育文化自信要坚定马克思主义信仰。在中国革命、建设和改革的伟大实践中,马克思主义中国化取得了巨大成就,因为我们既没有对马克思主义理论断章取义,也没有照抄照搬,而是结合中国实际情况,同中国的悠久历史和历史文化结合起来,既坚持马克思主义,又发展马克思主义。

发展中国特色社会主义文化,就是以马克思主义为指导,坚守中华文化立场。这句话我们可以理解为,发展中国特色社会主义文化就要坚守中华文化立场、弘扬中华历史文化,更要坚持马克思主义的指导地位,坚定马克思主义信仰。马克思主义理论的科学性、实践性、开放性、时代性等特点决定了马克思主义具有强大的生命力,它的包容性和与时俱进的理论品质决定了该理论在与中国具体实践相结合时定会永葆活力。因此,马克思主义信仰不能动摇,马克思主义的指导地位不能动摇,用历史文化培育文化自信同样离不开马克思主义的指导。马克思主义是辩证唯物主义、历史唯物主义的原则立场,马克思主义历史文化观中的批判继承与创新发展思想,是用历史文化培育文化自信必须坚持的原则。只有坚定马克思主义信仰，从马克思主义真理中汲取智慧与力量，中国共产党人和中国人民才能担负起新时代中国特色社会主义文化建设、弘扬历史文化和提升文化自信的历史使命。

(三)引领中国历史文化创新发展

用中国历史文化培育文化自信是本书研究的主题，但用历史文化培育文化自信一定要坚持创造性转化和创新性发展的原则，在此过程中必须坚持马克思主义的指导地位，必须运用马克思主义理论引领历史文化的传承和弘扬。

首先，马克思主义理论与历史文化建立关联具有可行性。人类社会对公平的追求从来没有停止过，就是因为人类社会从来就没有完全平等过。纵观人类历史上的这些理论体系，马克思主义理论的立场是站在社会的最底层，关注最底层人民的利益，即大多数人的利益。这样先进的理论最具国际视野，最容易被世界各国人民所认可。中国历史文化也是一种非常具有包容性的文化，在中国的五千多年文明史中，中国历史文化不断地吸纳各种文化，极具有包容性。马克思主义理论和中国历史文化都是具有极大包容性的体系，这就为运用马克思主义理论引领历史文化提供了可能性。

其次，实现历史文化的现代性转化要坚持以马克思主义为指导。历史文化最为人所诟病的莫过于它是传统社会的产物，因此在当代，用历史文化培育文化自信最为关键的问题之一就是历史文化要实现现代性的转化。如何能够实现历史文化的现代性转化呢？依靠马克思主义理论的指导是唯一的选择。"周虽旧邦，其命维新"（《诗经·大雅·文王》），历史文化虽然产生于传统社会，但是在当今社会依然有强大的生命力。历史文化有能力不断地汲取各种文明成果的养分，有能力在实践中发展自己，有能力做到与时俱进、历久弥新。马克思主义理论能够引导历史文化创新发展的方面有很多，如历史文化重视"集体主义"，要在马克思主义引领下与"制度保障"相结合。在中国历史文化中，严重缺乏个体概念，导致人们缺乏个性，缺乏主动性。而当今社会处于一个以市场经济为基础的时代，要求每个人充分发挥主体能动性，这就需要引领历史文化转型。实现中华民族伟大复兴的奋斗目标，要通过政策和制度的设计，使每个人都能充分地发挥主观能动性，充分行使个人的权利，努力营造展现个性、发挥创造性、施展才华的制度氛围，从而实现历史文化的转型升级。以儒家思想为核心的历史文化更多地强调"道德责任"，依靠道德保持主体的责任意识，而当代中国既关注道德责任意识的提升,也重视法治意识的约束作用。因此,要用马克思主义积极引领历史文化,培养社会个体的诚信、公平、合作意识,让平等的契约观念深入人心,为实现中华民族伟大复兴贡献历史文化的力量。

二、坚持以社会主义核心价值观为引领

用历史文化培育文化自信绝不是对历史文化的任何方面都充满自信,也不是对所有的历史文化都采取吸收和借鉴的态度,而是要接受体现时代文化精神的社会主义核心价值观的规范和引导。

(一)社会主义核心价值观与历史文化的关系

首先,价值观与历史文化的关系。在厘清社会主义核心价值观与历史文化的关系之前,有必要说明价值观与文化的关系。价值观的定义较为复杂,一个比较经典的定义认为,"价值观是人们关于价值本质的认识以及对人和事物的评价标准、评价原则和评价方法的观点和体系"。对于一个国家和民族来说,无数的个体通过价值观这根无形的纽带联结并凝聚在一起。一个国家和民族要树立正确的价值观,就是要在文化中寻找到那些广大民众都向往的美好观念,并发扬、提倡,使其成为人们共同的情感认同、行为习惯、价值追求和行动指南。价值观深深根植于文化之中,文化是价值观的根基和源泉。从文化发生学角度来看,任何一个民族的历史文化对于该民族核心价值观的生成具有基础和源泉性作用,这是世界文化发展的一种共有现象或普遍规律。价值观成长于文化母体之中,文化必定对价值观的形成产生重大的影响。但价值观是文化思想的凝练、升华,是文化精髓的集中体现。

其次,社会主义核心价值观与历史文化的关系。核心价值观简单来说就是某一社会群体判断社会事务时依据的是非标准以及所遵循的行为准则。社会主义核心价值观是在党的十八大报告中被明确提出的:富强、民主、文明、和谐是国家层面的价值目标;自由、平等、公正、法治是社会层面的价值取向;爱国、敬业、诚信、友善是公民个人层面的价值准则。通过对比历史文化中的价值观和社会主义核心价值观,我们可以看出两者有较大的差别,例如,所处时代的社会制度不同,代表的阶级利益不同,服务的对象不同等。但两者也有相通、相契合之处,它们均属上层建筑范畴,均蕴含着丰富的哲学思想、人文精神、道德理念和处世智慧。社会主义核心价值观是社会主义先进文化的精髓,而历史文化是滋养社会主义先进文化和社会主义核心价值观的丰厚土壤。社会主义核心

价值观与历史文化同属文化范畴,它们之间存在延续与涵养、发展与转化的关系。

1.社会主义核心价值观有深厚的历史文化基础

社会主义核心价值观虽然是我们当代的核心价值,但很多价值具有永恒性,这样的价值观念在我国的历史文化中有着丰富的体现:比如爱国主义精神,历史文化提倡"天下兴亡,匹夫有责"的爱国情怀、"捐躯赴国难,视死忽如归"的报国情操;又如敬业观念,历史文化中提到"凡百事之成也,必在敬之;其败也,必在慢之";再如诚信观念,孔子认为"上好信,则民莫敢不用情",就是说君主讲诚信,老百姓就会产生信任的情感。孟子则思考了个人的诚信问题,并将其提升到"道"的高度。"诚者,天之道也;思诚者,人之道也。"比如友善观念,孟子认为性是"人之所以异于禽兽者",并作出了形而上和形而下两种解释。在形而上的维度上,孟子认为"性自命出,命自天降",也就是说性源于天。在形而下的维度上,孟子列举了一些经验层面的例子,比如看到孺子入井出手相救,"非所以内交于孺子之父母也,非所以要誉于乡党朋友也,非恶其声而然也",是人本性使然,所以孟子提出了人之性善。儒家还注重成为友善之人的过程,"见善如不及,见不善如探汤。吾见其人矣,吾闻其语矣。隐居以求其志,行义以达其道。吾闻其语矣,未见其人也"。还有一些历史文化中的思想虽然与社会主义核心价值观在精神实质上有差异,但经过转化依然可以作为涵养社会主义核心价值观的资源。然而,即使是中华历史文化,也是一定历史时代的产物,到了新的时代,历史文化的有些内容和形式也需转化创新,适应新的时代要求。比如民主观念,"民为贵,社稷次之,君为轻",孟子告诫统治者要"爱民""利民""轻刑薄赋,听政于民,与民同乐","'君,舟也;人,水也。水能载舟,亦能覆舟。'陛下以为可畏,诚如圣旨"。① 虽然说历史文化中的这些民主观念与现代社会的民主观念存在着巨大差异,现代的民主更多的是强调如何在制度上、在程序上保证民主,而历史文化更多的是强调民本思想,期望统治阶层顾及民间的感受,但是两者也有相通之处,实质上都是强调重视每个普通人的利益诉求问题。

2.社会主义核心价值观不完全源自中国历史文化

社会主义核心价值观中倡导的民主、自由、平等、法治等都是近现代的理

① 吴兢,刘配书,黄平.《贞观政要》(全译本)[J].当代贵州,2015(6):58.

念,因此中国现代化所需的价值观等不能完全由传统文化获得。比如,社会主义核心价值观中的自由观念,从现代视角来看,自由概念本身包含着很多种自由,如意识自由、意志自由、政治自由、发展自由等。具体到社会主义核心价值观中的自由,主要是指以马克思主义自由观为基础的自由。马克思理解的自由是破除了人身依附关系和物的依赖性的自由,每个人的自由发展是一切人自由发展的条件,这种自由是"自由个性"的自由。社会主义核心价值观中的自由概念是以马克思主义为指导的,因此这种自由更多地被理解为发展的自由、个性的自由。反观中国历史文化中的自由观念,主要还是停留在意识自由的层面。中国历史文化中的自由观主要体现在庄子的思想体系中。庄子认为自由就是"无待",无所依赖才能够成就自由。实现的方法是"坐忘"。庄子对"坐忘"进行了解释:"堕肢体,黜聪明,离形去知,同于大通,此谓坐忘。"通过"坐忘"的方法,达到忘掉一切的"真人"境界。可见,由庄子代表的中国历史文化中的自由观念仅仅是一种囿于意识中的自由。在黑格尔看来,这种自由仅仅是意识突破了对象性意识而回归到自我意识的境界,还没有达到存有他者的视阈下的自由阶段。由此可见,历史文化中的自由观念与社会主义核心价值观中的自由观念差距甚大。可见,社会主义核心价值观不完全源于中国历史文化,也吸收了世界文明有益成果,体现了时代精神。

用历史文化培育文化自信要坚持以社会主义核心价值观为引领。虽然历史文化中蕴含着滋养社会主义核心价值观的丰富资源,是社会主义核心深入挖掘中华优秀传统文化所蕴含的思想和精神,弘扬历史文化,必须遵循以社会主义核心价值观为引领的原则。用历史文化培育文化自信必须有强大的价值引导力作为支撑,要有主心骨,社会主义核心价值观便是引导弘扬历史文化、提升文化自信的强大精神动力。

(二)用社会主义核心价值观规范历史文化

通过对社会主义核心价值观与历史文化关系的探讨发现,价值观具有鲜明的时代性。社会主义核心价值观是符合新时代的价值观,用历史文化培育文化自信要以社会主义核心价值观为引领。同时,历史文化在社会主义核心价值观的规范下会体现出时代性。一个传统的古老文明蕴含的丰富文化绝对不能仅属于一个民族,绝对不能仅仅成为对过去的怀念,而是一定有能力与新时代的进步文化相结合,成为时代性的内容。民族精神的民族性并不排斥时代性。相反,任何一个走在时代前列的民族,其民族精神都是民族性与时代性的统一,或者说是优秀传统与时代精神的结合。同时,社会主义核心价值观在我国属于主流意识形态范畴,体现了社会主义制度在思想和精神层面的规定性,凝结着社会主义先进文化的精髓。只有通过符合时代精神的社会主义核心价值观的指导、规范,用历史文化培育文化自信,才能走在时代的节奏上,才能保证用历史文化培育文化自信的正确方向。

三、坚持历史文化的创造性转化和创新性发展

用中国历史文化培育文化自信,历史文化是手段,建立起文化自信是目的。文化自信包含着心理因素,当我们能够通过对历史文化古为今用的创造性转化深刻认识到历史文化在当今依然具有巨大的解释力和生命力,我们就会产生文化自信;当我们能够对历史文化做到兼容并包的创新性发展,我们同样会产生文化自信。

(一)通过对中国历史文化古为今用的创造性转化提升文化自信

用历史文化培育出文化自信的首要条件是历史文化在当今要有解释力,要能够对新时代产生的新情况、新变化、新事物作出合理的解释,并能对我们的未来发展提供智力支持,只有这样,历史文化才能够具备培育文化自信的能力。因此,历史文化古为今用的创造性转化是用历史文化培育文化自信的一个重要原则。

对历史文化进行古为今用的创造性转化首先要持有客观理性的态度。文化自信从根本上说是对文化的一种态度。自信是一种态度,自负、自卑也是一种态度,而这些态度又都源于认识,认识又分为理性认识和非理性认识,非理性认识是产生文化自负和文化自卑的根源。当前,我国迫切需要破除这些非理性认识。客观地说,在传统社会,以儒家为主导的历史文化确实优秀,令人自豪。到了近代,时过境迁,中国在西方强大的科技实力面前,屡屡受挫,产生文化自卑。这两种对历史文化的态度都是可以理解的,不能说是完全由非理性因素造成的。但当前中国作为世界第二大经济体,在党和国家提出中华民族伟大复兴的中国梦的背景下,再次出现文化自负现象,就是非理性认识了,需要高度警惕。随着这种非理性的对历史文化的自负,一些历史文化中与时代不相适应的最为糟粕的东西也会随之粉墨登场,相当一部分持有文化自负态度的人是受利益驱使的,假借弘扬历史文化之名,混淆视听,从而渔翁得利。因此,有时非理

性和愚昧无知并非一回事。

那么这里的理性应该如何界定呢？西方启蒙运动宣扬的理性，我们有必要了解一下。提到启蒙运动，学界一般都将18世纪认定为启蒙时代。实际上，从14世纪，开始于意大利的文艺复兴运动就为启蒙运动提供了滥觞。文艺复兴就是要将"匍匐于神之脚下的人们"解放出来，使人的尊严呈现出来。启蒙运动在文艺复兴反对教皇专制权力和神职人员特权的基础上，提出了自由平等的政治理念。而启蒙运动所凭借的工具就是理性。法国的启蒙运动者提出的口号是"要敢于认识"，康德对启蒙的理解开始于对这一口号的理性批判。康德说："启蒙就是人从归咎于其自身的未成年状态中走出来。"康德认为所谓"未成年状态"是指未经别人指导就不敢运用自己的知性的状态。没有勇气运用自己的知性就是缺乏理性，因此康德认为启蒙就是"使理性变得成熟"。启蒙运动运用理性，挑战一切权威，重新审视一切旧道德，正如恩格斯所说的那样："他们不承认任何外界权威，不管这种权威是什么样的，自然观、社会、国家制度，一切都要受到最无情的批判；一切都必须在理性的法庭面前为自己存在作辩护或者放弃存在的权利。"理性在启蒙运动中占有如此重要的地位，并且取得了辉煌的成绩，甚至可以说是西方现代化进程中最为重要的环节之一。

理性在西方语境中是要敢于认识，是使自己摆脱不成熟的状态。当代中国也亟需这样的理性。正是在这个意义上，我们有一些学者也认为，中国缺少一次真正意义上的启蒙运动。用历史文化培育文化自信也需要这种理性，摆脱对待历史文化的不成熟状态。这就要求我们在通过历史文化确立文化自信时，对历史文化有一定程度的认知和把握。历史文化本质上是与传统专制社会相适应的，整个历史文化体系都是围绕着专制主义这个核心构建的。因此，很多历史文化中的东西我们都要理性地辨别，深刻理解它的本来意蕴和价值取向，这样才能做到古为今用。

用历史文化培育文化自信要实现对历史文化的创造性转化，通过对历史文化的古为今用，使其在当今时代彰显出价值，以此增强文化自信。可见，实现对历史文化的创造性转化就是把一些中国传统文化中的符号与价值系统加以改造，使经过创造的符号与价值系统变成有利于变迁的种子，同时在变迁的过程中继续保持文化的认同。由于时代发生了转变，历史文化中的一些东西已经不能完全适应现代社会，当其经过改造创新之后，不仅适应了时代，也彰显了历史文化的创新张力。对历史文化的创造性转化不是生搬硬套，不是罔顾原意的捏造，而是对确实与时代有契合点的思想、观点进行挖掘改造，实质上是一种再创造。正如有学者指出，对历史文化要以创造性的理想与意志，创造性的实践进行转化。如何能够通过对历史文化进行创造性转化以适应当今时代，这需要理性地思考我们的历史文化资源。基于相关文献资料和对历史文化的审视，本书将历史文化大致归纳为三种类型：第一类，已经形成了完整体系且具有持久的价值；第二类，具备完整体系，但由于其核心价值与时代并不适应，只能对其个别有价值的组成部分进行创造性转化；第三类，没有形成完整体系，但具有时代价值。针对这三种类型的历史文化，我们可以有的放矢地对其进行创造性的转化。

针对第一类历史文化的创造性转化。有些历史文化已具有完整的内容体系，且具有持久价值。这类历史文化的创新转化主要基于其本意，直接阐释其当代价值即可。比如，历史文化中的人性论之争就形成了自己较为完备的体系，而且其核心价值在当代依然具有一定的价值。对人性问题的思考发轫于孔子的"性相近也，习相远也"，意思是说人与人之间的先天之性是大体相近的，而后天的学习是导致人们现实表现差异巨大的原因所在。孟子认为性是"人之所以异于禽兽者几希，庶民去之，君子存之"，认为人之性善。"富岁，子弟多赖；凶岁，子弟多暴，非天之降才尔殊也，其所以陷溺其心者然也"，他认为恶是口目耳鼻四肢的欲望所带来的，深受环境的影响。每个人通过内省，然后尽心、知性、养浩然之气都可以成就伟大的人格。荀子虽提出了人性本恶的论点，但他认为通过学习礼义之道，能出现礼仪辞让等行为。荀子讲"凡人之性者，尧舜之与桀跖，其性一也，君子之与小人，其性一也"，认为人与圣人在本质上是一致的，通过修养可以从善，这也是荀子人性论的可贵之处。汉代的董仲舒认为人生来就有区分，提出了"性三品说"："圣人之性，不可以名性，斗筲之性，又不可以名性，名性者，中民之性。"他认为圣人之性为善，最差的人之性为恶，这两者无法改变。中民之性包含着善和恶两种倾向，通过圣人的利义教化可以从善忌恶。西汉末年的杨雄提出性善恶混的学说："人之性也，善恶混。修其善则为善人，修其恶则为恶人。"在他看来，人性中既有善也有恶，一个人是善是恶更取决于修身的方向。宋代的王安石提出了"性无善恶、善恶由习"。王安石认为孟子、荀子等所讲的"性"实际上是"情"，并非人的本性。人的善恶不是出于人的本性，而是依"情"而生,依习而成的。这个"情"包括"喜怒爱恶欲",其如何表现出来受到后天学习和环境的影响。宋明理学使中国历史文化中的人性论之争达到了一个新的高度。二程(程颢、程颐)提出性有两大类:一类是"天命之谓性",另一类为"生之谓性"。前者是在人未生而已存在于宇宙之中的性,是绝对的善;后者的内容包含前者的善,但由于受身体影响,又有很多恶的地方。朱熹继承了二程的人性的二重划分并借鉴张载的人性论,认为性分为"天地之性"和"气质之性"。人是天地之性与气质之性的结合,既有至善,也会呈现恶。可见,历史文化中的人性论已经形成一个完整的体系,而且毫无疑问对于鼓励人们向上向善和调理社会关系具有特别的意义,我们要结合时代要求加以继承和发扬,赋予其新的含义。

针对第二类历史文化的创造性转化。有些历史文化虽然具有了完整的体系性内容,但其核心价值观与时代不相符合。这类历史文化的创新需要我们对这些理论加以分析,然后重新构建。比如"礼"治思想,其在历史文化中是具备完整的体系特征的,但是其核心的政治价值是维护专制主义的,显然与社会主义核心价值观中的民主思想相悖,因此必须对其进行改造,进行创造性转化。历史文化特别重视"礼"治。孔子极为推崇周礼,视其为最好的社会秩序。所谓"礼"就是维护贵族等级秩序的社会规范和道德规范。孔子讲道:"克己复礼为仁。""礼"包含着孝悌、忠恕。几千年来,对中国人影响最深的历史文化思想之一就是忠孝。孔子说:"其为人也孝悌,而好犯上者鲜矣;不好犯上而好作乱者未之有也。"孔子能够将本来毫无内在关系的忠和孝联系到一起,真是不得不由衷地赞叹其思想的创造力。所谓"忠",当然是为了让臣子效忠君王,下级效忠上级。实际上,臣子效忠君王,下级效忠上级是很好理解的事情,因为它直接关乎着臣子和下级的根本利益。尤其是在传统社会中,几乎所有的资源都掌握在君王和等级高的人手里。孝顺父母也是很好理解的事情,因为每个人都是父母生、父母养的,没有父母就没有自己的生命,没有父母的养育就无法成人。所以从本质上看:忠根源于利,而孝根源于报恩,二者本质上完全不同。但是孔子将两者关联起来——不忠就是不孝,不孝也不可能忠,这种思想影响了中国两千多年来的思维,甚至在忠孝难以两全的时候,更值得提倡的是忠。这种"君要臣死臣不得不死,父叫子亡子不得不亡"的愚忠愚孝,显然与社会主义核心价值观是格格不入的。在当今时代,我们依然弘扬子女孝顺父母的思想,甚至"老吾老以及人之老,幼吾幼以及人之幼"都是极高的美德,应当传承下去。"忠"的思想可以重新被诠释,将其转化为对祖国的忠诚,对中国特色社会主义事业的忠诚,从而培育和弘扬爱国主义精神,进而通过赋予其时代的新意增强我们对历史文化的自信。

针对第三类历史文化的创造性转化。有些历史文化虽然不具备完整的体系性,却与当代现实有契合之处。这类历史文化的创造就需要我们对这些理论加以重新阐发,使其继续在当代焕发出生命力,如历史文化中儒家的义利观等。在当代,西方社会人与人之间的关系主要体现在利益如何分配上。当代西方政治哲学是以保护私有财产神圣不可侵犯为基础的,每个人都是自己财产的"法人"。在这种精打细算的利己主义世界里,可能每个人对自己的利益最为关注。马克思深刻地揭示了这一点,提出了"封建社会已经瓦解,只剩下自己的基础——人,但这是作为它的真正基础的人,即利己的人""政治解放一方面把人归结为市民社会的成员,归结为利己的、独立的个体,另一方面把人归结为公民,归结为法人"。在这样的前提下,每个人都会特别地关心政策的制定是否对自己有利。但是众口难调,很多政策的制定必然会让有些人受益多一些,会让有些人受益少一些,甚至是直接损害其利益。这样的社会不稳定因素显然很高。

历史文化反对个人利益至上,有利于社会的和谐稳定。在孔子看来,人要力争效仿君子和圣人崇尚、遵从义,"君子义以为质","君子义以为上"。孔子在日常生活中,很少提到与利益有关的事情——"子罕言利"。孔子并非否定个人利益,但强调义在利先,因此弘扬义的言论更多,如"君子喻于义,小人喻于利""君子义以为上,君子有勇而无义为乱,小人有勇而无义为盗"①。历史文化使我们中国人在考虑利益之前,先讲一个义字,耻于唯利是图。如果过于重视自己的利益,而表现出对自己的利益的诉求,这在历史文化中被称为"争"。孔子在中说"君子无所争",在中说"君子矜而不争"。这种不争的思想,是一个君子在面临个体利益受损时应有的态度。显而易见,孔子已把义利作为重要的伦理范畴加以阐释,并表现了明显的重义倾向。这种否定利益至上,强调义利之辨的思想,在社会利益分配处于矛盾时,强调整体利益、长远利益高于个人利益与眼

---

① 杨伯峻.论语译注.2 版[M].北京:中华书局,1980.

前利益,反映了人类社会的共同愿望,不失时代意义,有利于当代社会的和谐稳定。

(二)通过对中华历史文化兼容并包的创新性发展提升文化自信

用历史文化培育文化自信,需要历史文化有能力广泛吸收世界各民族的优秀文化因素。历史文化有这种包容性,有与东西方文化成果相融合的能力,并在此基础上创造出新的具有现代性的文化元素。在经济全球化的今天,任何一个有进取心的民族都会追求国家的现代化,而现代化要建立在文化的土壤上。现代化不是一个自然的社会演变过程,这也意味着,我们必须学会兼容并包、借鉴学习西方的先进文明。中国历史文化含有革故鼎新、与时俱进的特质,使历史文化能够不断适应新时代要求并实现创新性发展成为可能。

现代化是新时代的一个重要特征,是中国近代百余年的追求和梦想,所谓现代化是指人类社会从工业革命以来所经历的一场急剧变革,这一变革以工业化为推动力,导致传统的农业社会向现代工业社会的全球性的大转变,它使工业主义渗透到经济、政治、文化、思想各领域。可见现代化是由工业化引起的社会政治、思想、文化等各个领域的相应变化,不是中国内生出来的东西。因此,我们必须学会借鉴西方的先进思想。教育部颁布的《完善中华优秀传统文化教育指导纲要》明确提出"坚持弘扬中华历史文化与学习借鉴国外优秀文化成果相结合"。这里面也重点强调了借鉴国外优秀文化成果和博采众长。

历史文化的创新性发展需要兼容并包地借鉴国外的优秀文化成果。近代,由于西方科技迅猛发展,伴随而来的是其文化在全球范围内也占据了强势地位。毫无疑问,现代化发端于西方,社会生产力的发展和人们生活水平的快速提升在很大程度上受益于西方的现代化。知耻近乎勇,我们要有勇气面对自己历史文化的不足,要勇于和善于学习西方先进的东西。正如鲁迅所质疑的:"我独不解中国人何以于旧状况那么心平气和,于较新的事物这么蹙额,于以成之局那么委曲求全,于材兴之事就这么求全责备?"要实现历史文化创新性发展,我们应该持理性的态度,辩证地对待世界各民族的文化成果。既要通过对历史文化的弘扬和发展增强文化自信,又要借鉴其他文化的优秀元素对历史文化进行创新转化,使其发挥创生的张力,更好地为建设中国特色社会主义服务。同时,无论是对待我国历史文化,还是对待其他文化,我们都必须具备批判的精神,学会拿起批判的武器。我们是以马克思主义理论为指导的社会主义国家,我们理应具备这种批判精神。马克思主义创始人敏锐地发现了资本主义的抽象性、形式性和虚伪性，对反映那个社会的文化进行了猛烈的批判。辩证法在对现存事物的肯定理解中包含了对现存事物的否定的理解，即对现存事物的必然灭亡的理解；辩证法不崇拜任何东西，按其本质来说，它是批判的和革命的。带着这种批判精神，寻求在批判旧世界中发现新世界，开创了一个新的纪元。

通过对历史文化兼容并包的创新性发展，努力实现历史文化与马克思主义理论和西方先进思想的融合，使其更好地服务现代社会，这样我们的文化自信就会进一步增强。历史文化与马克思主义理论相融合是一个重大的课题，十分庞大复杂，我们以历史文化和马克思主义理论及西方文明中理想人格及实现路径作为研究的切入点。

1.中国历史文化中的理想人格

理想人格，顾名思义，就是指一种文化中意欲塑造的人的理想样态。研究理想人格具有重大的意义，因为理论探讨的最基础之处就是对人本身的探讨。理想人格规范了我们文化所欲塑造的人的完美典型，规范着人的成长方向。在历史文化中，具有理想人格的人被称为"圣人""贤人""君子"。这样的人，一是要具备对他人的"仁爱"之心，即"仁者爱人"。表达这种思想的历史文化内容还有很多，诸如《论语·雍也》中的"己欲立而立人，己欲达而达人""己所不欲，勿施于人"等。二是要懂得"守礼"。历史文化非常重视"礼"，不仅有各种规章制度，甚至什么样的身份穿什么样的衣服，如何坐、卧、行走，"非礼勿视、非礼勿听、非礼勿言"。只有通过"礼"方能达到仁的高度，如《论语·颜渊》中所说的"克己复礼为仁"。三是要"自强不息，厚德载物"。历史文化中具有理想人格的人有强烈的进取心，这种进取心来源于上天的启示；同时有很强的担当和责任意识，像大地那样具有强烈的承担品质，以天下事为己任。

2.近代西方文化视角下的理想人格

众所周知，近代西方随着自然科学知识兴起，生产力快速提升，这也从根本上改变了其传统上对人的理解，提出了"经济人"和"政治人"。亚当·斯密在《国富论》①中提出，经济人假设是从实际的生产过程中抽象出来的概念，是"每个人改善自身境况的一致的、经常的、不断的努力"。正是在这个意义上，马克

---

① 宛樵，吴宇晖.亚当·斯密与《国富论》[M].长春:吉林大学出版社,1986.

思在《论犹太人问题》中说资本主义社会里的人是"自私自利的人",每个人都是自己的"法人"。经济人假设是基于资本主义生产方式而提出的,这种全新的对人的把握引申到政治这个意识形态领域之后,就得出了"政治人"。作为经济人的延伸——政治人继续执行着法人的角色,呈现"原子式"的人的样态,在政治上表达个人的经济利益诉求。这样的政治人要求政治解放,要实现言论自由、出版自由、结社自由、迁徙自由、选举权,等等。这样的人要求具备基本的公民素质,是具备理性能力的人,是能够遵守规则的人。

3.马克思主义的理想人格

传统社会的生产力低下,人们获得物质生活资料的难度很大,同时政治制度模式比较单一,大多属于专制主义。专制主义统治下对人的要求主要体现在品质上。柏拉图认为领导阶层的理想品质是智慧,由此提出了"哲学王";武士阶层负责保卫城邦,其理想人格是"忠诚"和"勇敢";为了维护社会稳定,绝大多数平民阶层的理想品质是"节制"和"忍耐"。(《理想国》)到了近代社会,随着生产力的提高,人们获得物质生产资料的能力得到了极大提升,个体的地位才不断地被彰显出来。马克思是最早敏锐地捕捉到这种变化的思想家。与柏拉图要求人们"节制""忍耐"及老子要求人"挫其锐,解其纷""见素抱朴,少私寡欲"(《道德经》)不同,马克思认识到人应当充分地挖掘其感官能力,使"眼睛成为人的眼睛",甚至提出了"感觉在自己的实践中直接成为理论家"。在这种张扬个体的意识基础上,马克思认为人的理想样态是"自由个性""作为目的本身的人类能力的发挥""自由全面发展的人"。另外,马克思主义反对对人作出"自私自利"的理解,而认为人是"人人为我,我为人人"的集体的人。

4.中西方文化中理想人格的实现路径

历史文化中的圣人、君子是人的最高理想,但是能够完全达到的,基本上是没有的,连孔子自己都承认没有见过圣人,但是这种理想人格作为一种规范,虽不能至但心向往之,还是有一定的修养路径的。在孟子看来,普通人和圣人在本质上是一样的,"仁义礼智我固有之"(《孟子》)。持这种观念的思想家也有很多,比如苏格拉底认为善是本身固有的,因此他仅仅是真理的"助产士",柏拉图也提出对理念世界的"回忆说"。这类学说的实现大多是通过内省的方式,所以孟子提出尽心、知性、养浩然之气的修养方法,认为通过这些方法,人人都可以成就伟大的人格。马克思的"人的解放"理论也给出了实现其理想人格的方法。

作为唯物主义者,马克思提出"人的解放"要破除两个依赖:一个是破除人身依附的依赖性,另一个是破除对物的依赖性。马克思认为通过政治解放已经实现了对人身依附的破除,对物的依赖性的破除需要改变资本主义生产方式中的生产资料所有制形式。

通过对中西方文化中理想人格及其实现路径的探讨,我们不难发现:对历史文化兼容并包地创新性发展存在广阔空间。近代西方文化中的人主要是基于资本主义社会的需要提出的经济人和政治人,马克思指出了这种理想人格的虚假性、抽象性和形式性,实质上是找到了通达人的自由全面发展的这个更高的追求。但总体上看,这些理想人格或者是对一个人参与公共生活的素质要求,或者是个体对完美生活状态的追求,而这正是历史文化中的个体人格修养理念所欠缺的。当我们意识到历史文化与其他文化可以相互补充、交流互鉴,可以实现自身创新性发展时,我们的文化自信便自然而然得以提升。

第三节　培育文化自信的历史文化内容

中华历史文化历史悠久、博大精深,历经五千多年的洗礼,源远流长,历久弥新,气势恢宏,能够用来培育文化自信的内容十分丰富。无论是广义文化中的物质文化,如交通工具、服饰、日常用品等,还是狭义文化中的信仰、风俗习惯、道德情操、学术思想、文学艺术、科学技术、各种制度等,其中,诸多优秀元素均具有助力马克思主义中国化、滋养社会主义核心价值观、涵养新时期治国理政思想等重要作用。历史文化的核心理念和优秀思想不胜枚举,学者研究的归类方法也不尽相同。中华历史文化的丰富哲学思想、人文精神、教化思想、道德理念等,可以为人们认识和改造世界提供有益启迪,可以为治国理政提供有益启示,也可以为道德建设提供有益启发,将培育文化自信的历史文化内容从"为人们认识和改造世界提供有益启迪的历史文化""为治国理政提供有益启示的历史文化"以及"为道德建设提供有益启发的历史文化"三个方面进行阐释。

一、为人们认识和改造世界提供有益启迪的中华历史文化

马克思主义是认识世界和改造世界的科学方法和行动指南,辩证唯物主义和历史唯物主义世界观则是马克思主义的理论基础,而中华历史文化中朴素的唯物主义思想和辩证思维方法与马克思主义的世界观具高度契合,可以为认识

和改造世界的人类活动提供有益启迪,从而提升文化自信。

(一)"天人合一"的世界观

世界观是人们对世界的整体看法和根本观点,即如何认识与看待世界。在我们的实际生活中,经常要对某个对象或某件事情作出一些判断。既然进行判断,就必然涉及判断标准。如果人们对已确立的判断标准依然有分歧,那么就会自然而然地追求更高一级的标准。当这个标准推演到最高和最终阶段的时候,就会引发对世界本源即世界观的思考,然后再从世界观的高度出发,对具体事物作出判断。正如创作《易经》的目的是"以通神明之德,以类万物之情",而起点是对世界观的判断,即"仰则取法于天,俯则取法于地"。现行的《马克思主义基本原理概论》核心的目的之一是探讨人类社会的发展规律,而在阐释该规律之前,它深入地论述了世界的"物质统一性"这一原理。

对世界观理论的探讨,体现了一种文化体系的高度和深度。几乎没有哪种文化是仅仅单纯地讨论自然的,其理论旨趣皆是为了引申到社会生活各领域。而对于社会生活各领域的探讨是否能够上升到世界观的高度表明了该种文化的层次水平和文明程度。古希腊文化探讨了世界本源,提出了"水""火""气""无定""四元素""数"等说法。比如,赫拉克利特提出"世界是一团永恒的活火"的火本原说,火的性质是"在一定分寸上燃烧,在一定分寸上熄灭",是有规律的,表明了社会应该具有一定的秩序。

中国历史文化也达到了世界观的高度,"天人合一"是历史文化世界观的典型表达。"天人合一"是关于天与人、天道与人道、自然与人为相统一的学说(《中国哲学大辞典》)。从西周的天命论开始,到孟子的"尽其心者,知其性也;知其性,则知天矣",即一切听从天的安排,天命是决定一切事物发展的不可抗拒的力量,再到庄子的"人与天一也""天地与我并生,而万物与我为一",再到董仲舒建立的以天人感应为核心的神学目的论体系,中国古代这种"天人合一"的哲学观点影响力日益增强,并不断发展。宋代的张载和明末清初的王夫之站在唯物论的立场,主张物质性的气是天人合一的基础,提出"天人之蕴,一气而已",程朱理学家程颢提出"天人本无二,不必言合",将"天人合一"发展为"天人同一"。

此外,在历史文化中提出了"金、木、水、火、土"五行说,并且探讨了相互之间的相生相克原理;"古有太极,太极生两仪,两仪生四象,四象生八卦";等等。

以"天人合一"思想为代表的中国历史文化的世界观,在认识世界方面,对世界的本原是"一"还是"多",本原是"变"还是"不变"都辩证地进行了阐述,可以说在这个领域几乎穷尽了思维的可能性。

"天人合一"的哲学思想影响甚深,一是因为它具有朴素的辩证思想,认为天道决定人事,人事亦可感知天道,天人合而为一;二是因为它具有朴素的唯物主义思想,认为天是自然之天,天道是自然规律,人不能违背自然规律,而应遵循自然规律,在这种意义上达到"天人合一"。"天人合一"这种世界观在某些特定历史时期曾产生过积极的作用,在当代也具有其现实意义,如人不能违背自然规律,而应遵循自然规律,保护生态环境,达到人和自然的和谐统一。但也不能忽视"天人合一"中有神论和先验论的因素,要以马克思主义理论为指导,对其进行必要的扬弃。总之,"天人合一"的世界观已达到人类思维的一定高度,其中蕴含的具有现实意义的积极因素符合现代的生态文明建设要求,能够为我们认识和改造世界提供有益启迪,由此我们对自身文化的信心也得以提升。

(二)"民胞物与"的自然观

"天人合一"的世界观思想更多地侧重认识世界,"民胞物与"思想则更多地侧重改造世界,或者说是人对世界、自然的态度。"民胞物与"的自然观对改造世界、解决当今面临的生态问题具有十分重要的启示意义。近代以来,随着自然科学技术的快速进步,人类改造自然的能力也得到了巨大的提升。农业发展、城镇化快速推进使生态环境不断恶化,已经成为影响和制约当代人类社会发展的重大问题。人们在改造自然,使其适合我们需要的过程中,往往对环境过多地摄取、过度地滥用,从而引发生态退化和环境恶化等一系列问题。当代生态环境恶化现象已经十分严重,直接影响我们人类的可持续性发展。生态环境破坏造成方方面面的严重后果:水土流失、沙漠化、荒漠化、森林锐减、土地退化、生物多样性的减少,还有湖泊的富营养化、地下水漏斗、地面下沉等。此外,工业发展所产生的大量垃圾所造成的污染也是环境恶化的重要原因之一。德国思想家莫尔特曼认为,"人类只看到了自然的一个方面,亦即有用的一面",于是"自然得不到保护,任凭人类权力意志的摆布"。

生态环境的恶化已经引起了全球的高度关注,人们逐渐意识到必须反思我们在改造世界的进程中对自然的态度问题。当我们深度思考并探究这个问题时,便把深层次原因归结到人的思维方式上。造成当代生态环境恶化的一个主要原因是"人类中心主义"的思维方式。人类中心主义思想是西方哲学的一个术语,是以人类为事物的中心的学说。古希腊普罗塔哥拉的"人是万物的尺度"表达了最早的人类中心主义思想,它认为个别的人或人类是万物的尺度,即把人类作为观察事物的中心。也就是说,在我们面对自然对象的时候,人们会将人类放在中心的地位,自然是人类控制和支配的对象。人类有权利利用先进的科学技术,改造和利用自然,自然仅仅是受我们支配的附属物。表现在哲学上,从笛卡尔的"我思故我在"开始,经过黑格尔的"自我意识",人类中心主义的主体性原则被逐渐地确立起来了。可以说,不摆脱西方近代的"主体性""人类中心主义"的思想,生态危机就难以得到解决。在这个时候,中华历史文化成为为人类寻找出路的一个重要资源。历史文化中的"民胞物与"思想是矫正人类中心主义思想之偏的一剂良药,为解决当代生态问题提供了非常有价值的思路,足以提升我们的文化自信。

在《正蒙·乾称》中,张载讲道:"乾称父,坤称母;予兹藐焉,乃浑然中处。故天地之塞,吾其体;天地之帅,吾其性。民,吾同胞;物,吾与也。"张载从"天地是人与万物之父母"的角度出发,提出应将一切人视为兄弟,将一切物视为朋友的命题。简单地说,就是人与人之间是平等的,人与物之间也是平等的。"民胞物与"与西方的"人类中心主义"在思维方式上有很大的不同,是人与自然和谐相处的思想基础。当今世界的生态危机从实质上讲是人与人和人与物之间关系的危机,最基础的就是人与自然关系的危机。在生产力极大发展的近现代,人类对于"改造"自然乐此不疲,最大限度地获取、消耗自然资源。"民胞物与"内蕴的生态伦理思想将天地万物一视同仁,强调自然与人的地位平等、和谐共处,与人类形成了一个命运共同体。它告诫人们不能只顾埋头追求经济的增长,争夺资源的分配,而忽略最基本的生存发展问题。"民胞物与"思想能够教导人们在改造自然的进程中,正确认识和处理人与人、人与自然之间的关系定位问题。从这个意义上讲,历史文化中的"民胞物与"思想是十分具有现代意义的,能够为人类改造世界提供更加合理的理论指导。

客观地讲,"民胞物与"的思想仍具有历史局限性和阶级局限性。一方面,受科技不发达的历史条件限制,张载的自然观、生态观只能利用人的天地之性的"善"去解决人与自然界的关系问题,而生态问题仅靠道德修养是难以解决的。另一方面,张载是统治阶级中的一员,维护统治阶级的利益,受阶级性限制,"民胞物与"思想不主张阶级平等,更不可能消灭封建等级制度,而是通过对底层人民的怜悯巩固封建宗法制度而已。因此,我们应该客观地对待历史文化,摒弃其糟粕,弘扬其精华,彰显其时代价值,从而增强我们的民族文化自信心。

二、为治国理政提供有益启示的中华历史文化

中国当今正处于大变革大发展的重要阶段,中华文化以其历久弥新的强大生命力为全面深化改革、促进经济发展、做好周边外交工作,实现中华民族伟大复兴的中国梦提供精神动力和理论支撑,为治国理政提供智慧和滋养。

(一)"以民为本""安民富民乐民"的治国主张

"民本"是中国政治文化的核心范畴之一。"民本"一词,出自《尚书·五子之歌》:"皇祖有训,民可近,不可下,民惟邦本,本固邦宁。"以民为本的思想就是将民众看作国家的根本,为政者应以民众的利益为先,以安民富民乐民为己任,从而赢得民众的信服与支持,才能巩固其统治,社会才得以平安稳定。

中国历史文化中蕴含着非常丰富的以民为本的思想,无论是统治阶级还是古代哲人,都深刻地认识到民众力量对社会历史发展的作用,民众力量决定着王朝的兴衰和社会的安定。

"民本"思想源于西周统治者的"敬德保民",到春秋时期发展为"重民"思想,正如管仲所言:"政之所兴,在顺民心;政之所废,在逆民心。"在此基础上孟子提出了著名的"民为贵,社稷次之,君为轻"的思想。荀子曾巧借《左传》中水与舟之间的关系来表达民本的观念:"君者舟也,庶人者水也,水则载舟,水则覆舟。"警示君王民心向背的重要性,"民可载舟,亦可覆舟",统治者巩固政权必须得到人民的拥护,必须依靠民众的力量。西汉初期政治家陆贾指出"夫欲建国、强威、辟地、服远者,必得之于民",认为民心不可失,民愿不可违。

中国自古就有"治国必须安民"之理念。安民,就是让百姓的生活环境安定,生产井然有序。古代社会以农业为基础,安逸的民众生活最起码应不为生计所困,不为赋税所累。孔子有言:"道千乘之国,敬事而信,借用而爱人,使民以时。"安民是国家稳定、社会发展的关键。从政者应减轻民众的负担,轻徭薄赋,使民以时。民众安居才能乐业,国家才不易发生动乱,社会才能稳定发展。

富民,就是要让百姓衣食无忧,生活富足。春秋时期管仲以"凡治国之道,必先富民"作为治国的指导思想,提出"仓廪实而知礼节,衣食足而知荣辱"的经典理论。富民是固邦强国的基本条件,如果不从根本上解决人民的生计问题,

国家的安定和富强就难以实现。民富则安,民贫则乱,物质需要得到满足,是人得以生存的基础,也是社会稳定的前提。

乐民,一方面指统治者应切实为民众的利益着想,让百姓生活安乐;另一方面指统治者也应拉近与民众之间的距离,与民同乐。正如孟子所言:"乐民之乐者,民亦乐其乐;忧民之忧者,民亦忧其忧。"孟子强调从政者应心系天下、胸怀百姓,要与民同甘苦共荣辱,才能受到民众的拥戴,政权才得以稳固,社会才得以稳步发展。"以民为本""安民富民乐民"的思想体现了执政者对百姓地位的重视,民本思想的提出与推行,对于当时恢复和发展生产、缓和社会矛盾、维护社会稳定具有积极的作用。

中国历代思想家和政治哲学家经过不断思索和探索形成的民本思想,具有极其丰富的思想内涵和较为健全的实践价值,是古代政治思想的重要特征,是历代王朝从政所秉承的重要原则,对历史发展和社会进步产生过积极的推动作用,在当今社会也具有重要意义和价值。

但古代的民本思想维护的是统治阶级的利益,主要目的是稳固统治者的权力和地位,这与"以人为本"的科学发展观有本质的区别。中国共产党以全心全意为人民服务为宗旨,把人民的利益看得高于一切,这与民本思想具有完全不同的世界观、历史观和价值观。尽管如此,以民为本的政治主张所蕴含的优秀德治传统仍然具有值得借鉴的当代价值,经创新性发展,可焕发出新的生命力。

当前,中国共产党正带领全国人民为实现中华民族伟大复兴而奋斗,需要汲取古代民本思想的精华,这就需要从政者批判地继承传统民本思想,真正认识到人民的力量,在追求人民幸福和国家富强的道路上坚持人民主体地位,坚持全心全意为人民服务的根本宗旨,为人民对美好生活的向往而努力奋斗。

(二)"为政以德""政者正也"的德治思想

"为政以德"是孔子和儒家提出的仁政思想。孔子"为政以德"的政治命题是对周公"以德配天"政治观念的继承、转化和提升,孔子倡导的"政者正也"的政治主张是对周初"敬德保民""明德慎罚"等治理理念的借鉴和发展。"为政以德"出自《论语·为政》,"为政以德,譬如北辰,居其所而众星共之",意思是用道德教化的手段实施统治,就会像北极星一样,居于一定的方位,群星都环绕在它周围,长治而久安。孔子曰:"'尚力'者不得善终,'尚德'者终有天下。"实质上是在强调运用道德教化的方法治理国家的重要性。孔子在《为政》中提出:"道之以政,齐之以刑,民免而无耻。道之以德,齐之以礼,有耻且格。"在孔子看来,用行政刑罚的办法治理人民,人民只是暂时免于罪过,却没有廉耻之心;而用"德化"和"礼治"的办法治理人民,人民不但有廉耻之心,且不犯过失。为政以德要求统治者端正自己的行为、以德正人。孔子在回答季康子问政时说:"政者,正也。子帅以正,孰敢不正?""君子之德风,小人之德草。草上之风,必偃。"孔子强调道德对政治生活的决定作用,主张以道德教化为治国的原则,这个思想对于劝诫统治者不要横征暴敛,减轻人民的负担等方面,具有积极意义。孟子、荀子均继承了这一思想并加以补充阐述,如孟子的"仁政"思想"教以人伦",反对"杀人以政"的思想,荀子的"以德兼人者王,以力兼人者弱"的思想,皆是"为政以德"思想的发展。

柏拉图在《理想国》中深入探讨了不同政体的优劣,根据统治人数的多少可以分为一人统治的君主政体、少数人统治的贵族政体和多数人统治的平民政体。他认为一人专制的政府,如果根据好的成文法律来统治,使权利受到强有力的约束,是所有政体中最好的。孔子提出"为政以德"的思想,对于约束统治阶级滥用权力起到了关键作用,类似于柏拉图的这种政治理想。①

孔子"为政以德""政者正也"的德治思想尽管存在一定的历史局限性,且带有道德决定论的倾向,但在当时专制主义的历史条件下,能够提出"德治""仁政"思想,反对苛政、暴政,促进社会稳定,已经蕴藏了令人信服的勇气和智慧。德,不仅是"立身"的根本,也是"立国"的根本。既要重视以德修身,也要坚守从政以德,这是我国传统政治思想的一个显著特点。政德是整个社会道德建设的方向标,立政德,就要明大德、守公德、严私德。因此,有必要对孔子的德治思想批判继承、转化发展,与当前我国加强干部队伍建设、加强依法治国和以德治国有机结合起来,进而推动我国政治文明建设的发展。

(三)"亲""诚""惠""容"的周边外交理念

2013年10月25日,习近平总书记在周边外交工作座谈会上讲话,提出了"亲""诚""惠""容"的周边外交理念。"亲""诚""惠""容"都是历史文化的核心内容,涵养了新时代我国外交方针的理念,是用历史文化培育文化自信的重要组成部分。

---

① 于宁.柏拉图与《理想国》[J].吉林省教育学院学报,2010(5):147-148.

　　"亲",是"王道"的开端。所谓"亲",《说文解字》中解释道:"亲,至也。"清代学者段玉裁在《说文解字注》中进一步对其加以解释:"父母者,情之最至者也。故谓之亲。"所以,如果将"情"按照远近亲疏的程度排序,则"亲"属于我们对父母的情,是情的最高阶段。中国历史文化最独特的思维方式之一,是并不严格限定有血缘关系的人与无血缘关系的人的区别,对父母的至亲会推及具有间接血缘关系的人,并进而推及无血缘关系的人,甚至推及物,因此有了"老吾老以及人之老,幼吾幼以及人之幼",并进而延展到"亲亲而仁民,仁民而爱物"。历史文化谈论"亲",可不是仅仅为了表明人文关系中的远近亲疏,而是为了开启"王道"治国的理念。由此得出结论,"老吾老以及人之老,幼吾幼以及人之幼。天下可运于掌。"这种以"亲"为起始,以王道为终端,构成了一套完整的外交观念的理论论证。这种基于"亲"的外交理念所推及的王道要比争霸思维所导致的霸道高明很多。

　　"诚"是对守信的虔敬态度。如果说"亲"表明了国与国交往的情感厚度,那么"诚"则表明国与国交往守信的虔敬态度。"诚"最早出现在《尚书》中,本意是对神的敬畏态度,后来扩展到对其他事物的敬畏态度,尤其是对守信的敬畏态度。在《周易》中,就开始将"诚"与"辞"建立起关联,"修辞立其诚,所以居业也"。可见,对说话守信的敬畏态度,是有资格成家立业的前提。说话做事信守承诺,保持对说话做事守信的敬畏态度也是治理国家的王道。"先王贵诚信,诚信者,天下之结也。"因为君王诚信,所以自然吸引其他国家争相与其建立关系。一句话、一件事前面加一个"诚"字,如诚信、诚心、诚实、诚意等,都充分地体现了对所说内容、所做事情的虔敬态度。在我国的外交事业中,中国人说话做事是讲信用的,是守承诺的,历史文化的一个"诚"字充分地体现了中国外交事业的这个特点。

　　"惠",是惠及周边、互利共赢的合作理念。所谓"惠",孟子的理解是"分人以财谓之惠",意思就是分给别人好处和利益。但是"惠"决不能仅仅理解为给别人利,因为给别人利还存在着一个态度问题。范晔在《后汉书·列女传·乐羊子妻》中的一句话"廉者不受嗟来之食",这意味着给别人好处还关涉到一个态度问题。而"惠"表明了一种给别人利益时内心带着的友善情感,因此《说文解字》①将"惠"理解为"惠,仁也",《尔雅》将"惠"理解为"惠,爱也"。"惠"是友善

---

① 殷寄明.《说文解字》精读[M].上海:复旦大学出版社,2006.

地给予别人好处且具有正面影响，在《诗经·邶风·北风》中讲道，"惠而好我，携手同行"，可见"惠"的结果是双方成为好朋友，携手同行，互相帮助，互利向前。通过"惠"的外交方针，可以实现国家与国家之间友好互利的良性局面。正如外交部部长王毅所说，"要本着互惠互利的原则同周边国家开展合作，让周边国家得益于我国发展，使我国也从周边国家共同发展中获得裨益和助力"。近年来，在外交实践中，我们本着"惠"的理念，在考虑自己国家利益的同时，绝不忽略交往国的利益，不仅实现了双赢，也赢得了世界的尊重。

"容"，是对多样性、差异性的尊重。"容"是我们中华历史文化中的又一个重要理念，在我国外交思想中占有重要地位。所谓"容"，《管子》解释为"并通而不相陵，容也"，意思是说在交往中心里不存在芥蒂，互相理解尊重。"容"在中国历史文化中还意味着一种较高的境界，如"受益惟谦，有容乃大""海纳百川，有容乃大"。所以"容"意味着对差异性和多样性的充分理解和尊重。国际上民族众多、风俗各异，甚至依据自己的民族历史所选择的国家制度、国家道路都具有较大的差异，因此，处理国际事务迫切需要对事物多样性的认可及对差异性的尊重和包容。历史文化中的"容"这种思想为处理国际交往中出现的分歧与纠纷提供了极具可行性的解决思路。具体到外交实践中，我们提出亚太之大，容得下大家共同发展。

三、为道德建设提供有益启发的中华历史文化

中华民族历来爱好和平、崇尚仁德，倡导礼仪。中华传统伦理文化和道德思想源远流长、博大精深，培育和铸造了中华民族特有的精神气质和道德品格，在中华民族的发展历程中贡献过伟大力量。当今，我国正处于夺取新时代中国特色社会主义伟大胜利的关键时期，学习中华优秀传统伦理文化中的仁者爱人、忠恕待人、道德自省、睦邻和亲等思想，对于提升个人修养、构建和谐社会、树立和践行社会主义核心价值观意义重大。

（一）"人之性善"的伦理源动力

历史文化中的"人性论"之争被普遍认为是中国伦理思想的基础和原动力。孟子提出"人之性善"，因为人人皆有"恻隐之心"的"善端"。荀子提出"人之性恶"，因为人人都有趋利避害的"恶"的本性；人通过学习圣人的礼仪之道"化性起伪"可以表现为善，"人之性恶明矣，其善者伪也"。汉代董仲舒认为，人生来就有区分，圣人的人性是善，下等人的人性是恶，绝大多数普通人的人性则是包

含着善恶两种倾向的中民之性。西汉末年的杨雄提出性善恶混的学说。宋代的王安石提出了"性无善恶、善恶由习",宋明理学时期,二程提出性有两大类:一类是"天命之谓性",另一类为"生之谓性"。朱熹继承了二程的人性思想,认为性分为"天地之性"和"气质之性"。

中国历史文化中孕育的伦理观念的思维层次较高。苏格拉底认为"善即知识",一个不善的人是无知的。苏格拉底认为如果我们知道一件事情是好的,那么我们就会去做;如果我们不去做,那么就说明我们并没有真正认识到这件事情是好的,没有真正地认识到就是无知。相比之下,中国历史文化是如何认识"善"的呢?中国历史文化关于"善"观念的认识是以探讨"人性论"的方式展开的,其中最杰出的代表是孟子。首先,孟子论证人性本善,直接上升到了形而上学的高度,认为人性是源自天的,"性自命出,命自天降"。只是人们往往不能自己体认良心本心,因此常常需要反躬自问。其次,从经验层面论证人性本善。"所以谓人皆有不忍人之心者:今人乍见孺子将入于井,皆有怵惕恻隐之心;非所以内交于孺子之父母也,非所以要誉于乡党朋友也,非恶其声而然也。"小孩子落到井里,一个人出手相救的原因是内心"善"的本质自然流露,即"不忍人之心",并不是因为交情、声誉等利害关系。最后,孟子探讨人性,将之与动物进行对比,认为人性之善是"人之所以异于禽兽者"。从孟子对"善"观念的认识的这三个方面来看,第一个"形而上"维度无疑是高级层次的思维;第二个经验层面也具有较高的思维层次,比如黑格尔名著《精神现象学》的副标题是"意识的经验科学",海德格尔也明确地探讨了黑格尔哲学中的"经验";第三个人与动物的区别论是思想家讨论问题的惯常方法,比如亚里士多德认为"人是政治动物",即人与动物的区别是人是有"政治"性的,马克思认为人与动物的区别在于人的劳动是"自由自觉的劳动"。从孟子的人性论中就可以看出,历史文化伦理学的思维层级很高,可以有效地培育伦理文化自信。

此外,孟子还高举"舍生取义"的道德旗帜,提出在道德与生死发生冲突时,"生,亦我所欲也;义,亦我所欲也。二者不可得兼,舍生而取义者也"。孟子所提倡的道德在自然生命与道德尊严发生冲突时,极力彰显超乎生命的善的价值所在。此外,在义、利之间发生冲突时,他坚持"得志,与民由之;不得志,独行其道。富贵不能淫,贫贱不能移,威武不能屈",提倡能力所及,要兼济天下,能力不及,也要独善其身,这种高尚品格在当今仍具有涵养社会主义核心价值观的现实意义。

　　"人之性善"是中国伦理文化中一个重要命题,对中国的伦理思想发展产生了深远的影响。但对孟子的性善论,也有学者提出其理性论证缺乏严谨性,无法真正为道德确定一个形而上的根基。例如,朱光磊认为,《孟子》文献中关于性善的表述基本上可以分为两类:一类是直接指出人的性善,另一类是有关性善的正面和反面案例。如果直接指出人的性善,又缺乏详细的论证,只能是一种人性主张,一种非理性的独断。而孟子关于性善的正面和反面案例,仍存在循环论证倒果为因、经验归纳逾出界限等问题。固然孟子的这种论证缺乏当代学术严谨性,但我们不能以此来苛求古人,而是应该从其较为松散的语言表述中,寻找其内在坚实的义理内涵。

　　(二)"仁者爱人"的修养之道

　　"仁者爱人"是孔子所提倡的仁道的基本内容。《论语·颜渊》:"樊迟问仁,子曰:'爱人。'""仁"是孔子提倡的最高道德,是仁者对他人发自内心的真诚的爱护和关切。(《四书五经辞典》)

　　"爱"在人类价值排序中处于高阶地位。价值,按照我们通俗的理解就是客体满足主体需要。具有价值的观念比比皆是,如安居乐业、勤俭节约、吃苦耐劳、诚实守信、国富民强、公平正义等,而爱处于价值排序中的高阶位置,是因为爱是直接关乎人类能否生存的要素。人是群居动物,一个人要想生存发展就不可避免地要与其他人打交道。他人将如何对待自己呢?这是一个严肃的问题。孟子提出了人之性善,他是从人与动物的区别角度来看的。荀子批评孟子这个观点,并指出人之性应当是指人和动物共有的性,即人之性恶。孟子与荀子的观点似乎完全相悖,实则仅仅是角度不同而已。从人与动物相区别的角度来看,则人有"善端"是为善;从人与动物相同角度来看,则人有动物般的"趋利避害"是为恶。那么,从总体看,人必定是善恶的统一体。我们要惩恶扬善,但切不可小觑恶。从理性角度来看:柏拉图提出"人是理性的动物",在近代这种理性的人被演化成了"经济人"假设,这个经济人是理性的,行为特征是"趋利避害",而趋利避害就是荀子所说的恶。荀子提出,"人之性恶明矣,其善者伪也",为了"化性起伪"必须学习圣贤礼仪说教,劝导人从善。

　　"仁"被大多数学者认为是历史文化中统摄了其他优秀价值的最高价值。历史文化中的优秀品质很多,如"克己复礼",能够做到便算是仁;如宽、恭、信、敏、慧，是仁的具体表现，能够做到这些也算是仁。孔子曰："能行五者于天下为仁矣。恭、宽、信、敏、惠。恭则不悔，宽则得众，信则人任焉，敏则有功，惠足以使人。"但仁与这些观念并不是同等地位的，仁是统摄它们的最高价值。在《论语·八佾》中论述得很清楚，"人而不仁，如礼何？人而不仁，如乐何？"意思是说，礼和乐都非常重要，是非常有价值的观念，但如果一个人做不到仁，那么礼和乐也就失去了价值。仁在历史文化中的最高价值地位一直被中国人所认可，后世大儒二程在《二先生语》中讲道："仁、义、礼、智、信五者，性也。仁者，全体；四者，四支。"可见，在二程看来，义、礼、智、信与仁并非并列关系，仁是主干，其余四者都是枝节。

仁的本质是爱。爱在人类价值文明的排序中处于高阶地位，而仁被认为是历史文化中的最高价值，那么仁和爱是什么关系呢？有些价值是仁的从属属性，有些则是仁的本质属性，爱就是仁的本质属性。孔子最早界定了仁的本质——爱，《论语·颜渊》记载："樊迟问仁。子曰：'爱人。'"后来汉代董仲舒也探讨了实现仁的最根本方法，在于爱别人而不是爱自己。"仁之法在爱人，不在爱我"，更进一步强调仁的施加对象应该是别人，而非自己，并将爱与不爱作为区分是否仁的标准。"质于爱民，以下鸟兽昆虫莫不爱。不爱，奚足谓仁？"大思想家韩愈也明确提出"博爱之谓仁"，即具有博爱精神就是仁。

怎样实行"仁"呢？孔子曰："夫仁者，己欲立而立人，己欲达而达人。能近取譬，可谓仁之方也已。"孔子还提到："己所不欲，勿施于人。"实行仁的方法，就是将心比心，推己及人，以爱己之心去爱人。孔子仁爱思想得到孟子的继承和发展："君子以仁存心，以礼存心。仁者爱人，有礼者敬人。爱人者人恒爱之，敬人者人恒敬之。"

受所处的社会制度和历史背景的限制，"仁者爱人"的思想不可避免地带有封建主义色彩，为维护封建的等级制度服务。因此，有学者对"仁爱"思想持批判态度，认为将"仁爱"放到儒家"仁—礼"系统中理解和把握，它实质上是扼杀个人自由、戕害自我意识的愚爱，与现代文明倡导的友爱博爱精神相去甚远。但总体上，"仁者爱人"透视了孔子伦理思想的博爱取向，这种伦理精神，在当今仍具有重要的现实意义，它为协调人际关系、维护社会稳定、构建友好的国际关系提供了思想资源和价值依据。当今社会，无论是国家还是个人都面临着复杂的利益冲突和多元思想的冲击，如何建立友善、和谐的人际关系和国际关系，

"仁者爱人"的思想为其提供了深厚的智慧资源和内在动力。对国家而言，"亲仁善邻，国之宝也"，重视国家交往之间的"仁爱"对建立良好的国际关系意义重大。总之，正如 1989 年时任联合国教科文组织干事的泰勒博士在孔子诞辰 2540 周年纪念与学术讨论会上论述所言："当今一个昌盛、成功的社会，在很大程度上，仍立足于孔子所确立和阐述的许多价值观。这些价值观念是超越国界和超越时代的；属于中国，也属于世界；属于过去，也会鉴照今天和未来。"

（三）"己所不欲，勿施于人"的黄金律令

"己所不欲，勿施于人"出自《论语·卫灵公》中孔子与其弟子子贡的一段对话。子贡问是否有可以一生都遵照执行的言论，孔子答曰："其恕乎！己所不欲，勿施于人。"意思是说，要宽容，你自己不喜欢的事情也不要强加给别人。这是孔子认为的，一生首先要遵照执行的伦理法则。"己所不欲，勿施于人"有助于解决义务论伦理学和目的论伦理学的一些难题。义务论伦理学和目的论伦理学都追求善和正当，分歧在于义务论伦理学认为正当是独立的，高于善；目的论伦理学认为善是独立的，高于正当。因此，义务论的伦理学认为行为必须遵照某种道德原则进行，强调的是道德义务和责任的决定性。义务论伦理学不考察行为的结果，而关注行为是否符合道德法则、动机是否良善、是否出于义务等。正如义务论伦理学的代表康德所说的一些准则，比如"人是目的"，意味着一个人在任何时候都不能将别人作为工具，同时自己不能成为任何人的工具；而目的论伦理学认为善是独立的，高于正当。因此，目的论伦理学偏重依据行为的结果是否良善来判断是否符合道德，例如，将快乐、幸福或者是有用作为首要的和独立的要素来看待。粗略讲来，义务论伦理学因过度强调正当的义务，而在一定程度上忽视了快乐、幸福或者有用，难免太过沉重，曲高和寡，而目的论伦理学过于强调快乐、幸福或者有用，在一定程度上忽视了责任和义务，难免陷于庸俗。"己所不欲，勿施于人"的优越性在于它关注的是交互主体，强调的是互惠性。我不愿意的，也希望别对你做和你别对我做；我愿意的，也希望能对你做和你对我做。其所蕴含的互惠性可以免于目的论伦理学的庸俗之嫌，其所蕴含的宽恕性可以免于义务论伦理学的沉重与强制，因此"其恕乎！己所不欲，勿施于人"或许是解决两种伦理学困境的路径，至少提供了具有同等高度的伦理学借鉴。

"己所不欲,勿施于人"具有很强的现实意义。诚然,"己所不欲,勿施于人"是以"己所不欲"为逻辑前提的,但"欲"是千差万别的,"己之不欲"不等同于"人之不欲"。因此,这个伦理金律,隐含着一个强制性的前提,即关涉的双方具有一定类似的善恶偏好,如我所偏好的会认为你也有此偏好。就这一点,就是像尼采这样强调"权力意志"、强调个体独一无二性质的思想家所无法接受的,因此尼采会斥之为"群氓"的弱者伦理学。但实际上,大可不必完全陷入这种极致的"对因果序列的无限追溯"的理性陷阱。事实证明,人类的绝大部分伦理观念是相同的。有哪个民族会认同说谎是对的,伤害别人是对的呢?正是在这个意义上,黑格尔在《精神现象学》里,认为伦理是"真"观念。在我们所处的伦理共同体中,大抵上还是"人同此心,心同此理"的,因此有学者也指出:"要能够过最好的生活或实现善,必须靠人的共同努力,遵循一定的实践价值观。"可以说,正是"己所不欲,勿施于人"这种避免了将因果序列演绎到极致的理性观念,才使其更具有广泛的现实性和可操作性。

进入 21 世纪,世界正处在一个大发展大变革大调整时期,仍面临诸多严重的问题,如霸权主义与强权政治、国际恐怖主义、贫富差距与发展不平衡、生态环境遭到破坏等。"己所不欲,勿施于人"强调平等地对待每个人、每个国家、每种文化,并使之享有发展的平等权利。作为不同文化系统的共享价值观和行为规范,"己所不欲,勿施于人"坚持人与人、国与国交往中平等和相互尊重的原则,对处理好人际交往和国际关系、化解当今世界危机、构建人类命运共同体提供理论支撑和有益启示。"己所不欲,勿施于人"与中国一贯倡导的尊重世界文明多样性、以文明互鉴超越文明冲突、维护世界和平、促进共同发展的外交理念有诸多相通之处,足以见证它的时代价值和强大生命力。

"己所不欲,勿施于人"这一金律同样能为解决生态环境问题提供思想滋养。"己所不欲,勿施于人"蕴含儒家的忠恕之道,它以"爱人"为最基本、最核心的宗旨。忠恕之道不仅限于"爱人",还延伸到"爱物",如"民吾同胞,物吾与也""亲亲而仁民,仁民而爱物""博爱之谓仁"等。儒家的忠恕之道内含处理好人与人之间的关系和处理好人与物的关系两层寓意。因此,共同承担环境保护的义务实质上是在实行忠恕之道,要真正爱己及他,若只顾自己的眼前利益,"吃祖宗的饭,断子孙的粮",环境保护和可持续发展便无从谈起。

总之,"己所不欲,勿施于人"能够被写入《走向全球伦理宣言》,足以说明我国古代圣哲在修身明德方面的思想智慧,也足以提振我们对中华历史文化的信心!

第五章

中华历史文化与“四个自信”

第一节　中华历史文化是道路自信的逻辑支撑

中华历史文化源远流长、博大精深。文化基因是存在于中华历史文化系统中的最深层元素，是在中华民族的不懈追求中最经得起时间考验的精神力量。中国道路是中国共产党带领中国人民历经风雨走出来的道路，从新民主主义革命时期到社会主义革命和建设时期，从改革开放到新时代中国特色社会主义，这条道路无不闪烁着中华历史文化基因的光芒。正因为中华历史文化与民族精神造就了中华儿女迥异于其他文明的思维与行为方式，保证了中华文明的独立性、兼容性、创新性、适应性，才能在面对外来冲击和内在失序时依然能够自我更新，并最终走出困境，不断书写民族发展的华章。没有中华历史文化的滋养，道路自信就不会有如此深厚的底蕴。

一、中华历史文化具有强大的凝聚力与历史穿透力

中华文明是人类文明史上唯一从未中断过的文明，作为“四大文明古国”仅存的硕果，在全球化成为时代风潮的今天，依然在社会主义建设事业中展现出勃勃生机，这无疑体现了中华文明的强大凝聚力与历史穿透力。中华历史文化是我们最深厚的文化软实力，也是中国特色社会主义根植的文化沃土。中华历史文化中很多思想理念和道德规范，无论过去还是现在，都有其永不褪色的价值。

古代中国与现代中国是一脉相承的。中华五千多年的文明史，虽然有曲折，有痛苦，甚至有亡国灭种的严峻考验，但在这些危机面前，我们总是能够力挽狂澜，这不仅值得中华儿女无比骄傲与自豪，更应当引起今日国人的反思：为

什么在世界文明发展史上,在社会发展道路的选择上,中国总是能够作出正确的选择? 即便是在以西方为主导的全球化浪潮中,中华文化受到了前所未有的冲击与挑战——"欧洲诸国,百十年来,由印度而南洋,由南洋而中国,闯入边界腹地,凡前史所未载",在如此"三千余年未有之大变局"面前,中国依然经受住了考验……为什么? 这个问题的答案,既可以是无数皇皇巨著,也可以是一句话:中国自古以来就拥有追求人类社会大同,构建人类命运共同体的崇高理想,并将道德与法律进行了有机结合,为国家的治理找到了切实有效的"齐民"工具,在"人皆可以为尧舜"旗帜的感召下,汇聚人心、善聚民智、凝聚民力,因此具有极强的凝聚力与历史穿透力,最终形成滚滚洪流,在中华历史文化的导引下,如同黄河之水,创造了人类文明的奇迹。中华历史文化是中华民族的突出优势,是当代中国最深厚的文化软实力。

二、中华历史文化是道路自信的重要源泉

中华历史文化绵延数千年,造就了中国历史发展道路上的一座座文明高峰,留下了十分丰厚的精神遗产。而这些宝贵的精神遗产深深根植于中国人的内心,是中华民族自信心更基本、更深沉、更持久的来源,是中国特色社会主义道路自信的丰厚滋养。

自从人类出现在地球上,从原始时代的刀耕火种到当今时代的信息化、全球化、智能化,各个民族走过了风格迥异、效果判若云泥的发展道路。有些民族直到今天还在茹毛饮血,有些民族却早已上可探地球之外生命,下可游深海绝域,更多的民族则是在学习中艰难地探索属于自己民族的发展道路。有一个现象颇为有趣且值得我们思考:自从最早的奴隶制出现在人类社会,许多创造过辉煌文明成就的民族,不论当时的光华多么璀璨耀眼,一旦沉沦下去,就难走出低谷,重塑往日巅峰时期的荣光,如古希腊、古罗马、马其顿、波斯……而历史文化滋养下的中国独独是个例外。

文化是一个国家发展道路的原生基因和内在动力。中国特色社会主义道路深度融汇了马克思主义的核心要义与历史文化精髓,从道路设计、理论定位到制度安排和价值坚守,诸多理念都来自历史文化的深厚沃土。例如,小康社会的提法源于《诗经》《礼记》等古代典籍;依法治国和以德治国相结合的方略,可以说是法家思想与儒家思想的融合与拓展;以人民为中心的发展理念与"民惟邦本,本固邦宁"的古代朴素民本思想紧密相连;和平外交战略与"己所不欲,

勿施于人""万物并育而不相害,道并行而不相悖"的理念情理相通等,都呈现明显的脉络联系。

伟大的人民、伟大的民族和伟大的民族精神是我们坚定道路自信的力量源泉,而正是中华独特的历史文化孕育了中华民族以及中华民族伟大的民族精神,催生了中国道路的奇迹,使中国成为世界上唯一一个能够走过漫漫五千多年文明发展之路而依然青春勃发地筑就中国特色社会主义道路的国家。中华历史文化作为民族本根和民族灵魂,深深刻入中国人的内心,发挥着潜移默化的作用,成为我们坚持走中国特色社会主义道路不竭的自信源泉。

三、坚定道路自信,必须弘扬中华历史文化

任何正确道路的选择和拓展,都离不开特有的"文化依赖",这就是历史文化的巨大作用。中华历史文化是中国特色社会主义文化的三大源泉之一,它与马克思主义的内在契合性,为中国特色社会主义现代化道路找到了前进的指南。

大同理想与共产主义的崇高理想追求具有内在契合性。马克思主义所描绘的共产主义理想社会,与中国历史文化中的大同社会的理想不谋而合。以孔子的大同理想为发端,到谭嗣同的《仁学》与康有为的《大同书》,再到孙中山的"三民主义",无不表现出中国人对大同世界的憧憬、向往与不懈追求。中国人民迫切希望能够将这种理想社会变成现实,但在列强环伺、战乱频仍的历史条件下,这种理想更多只能是一种空想。近代中国社会发展道路探索的百年坎坷历史证明,资产阶级的建国设想并不符合中国实际,所以在看似无限多样的种种发展道路选择中,很难找到一条实现大同社会的现实路径,中国似乎真的无路可走。直到中国共产党诞生之后,在黑暗中探索的中国人民才在中国革命实践中找到了一条全新的道路,即经过人民共和国到达社会主义和共产主义,到达阶级的消灭和世界的大同。大同社会的理想就如同一座桥梁,连接起了马克思主义与中华历史文化,即用儒家的最高社会理想来理解和阐释共产主义。

德治思想与自律意识符合人类社会文明进步的一般规律和"齐民"要求。新中国进入社会主义建设时期后,一系列具有中国特色的理论体系如关于治理国家的"以德治国"与"依法治国"的思想和中国共产党的建设理论的有关阐释,均与中国古代的治国理政思想密切相关。

和合思想与命运共同体的构建相辅相成。"和合"中的"和"寓意和谐,追求

不同事物间的统一;而"合"是指融合,尊重事物间的差异并承认其多样性。儒家思想主张并推崇"和为贵"与"和而不同"的观念。"和而不同",既是一种感知和认识客观世界的具体方法,又反映出评价事物的价值理念。这种思想理念的基本内涵是事物和谐共生,尊重万物多元发展的社会认知。宇宙只有一个地球,人类共有一个家园。历史告诉我们,战争只会给人类带来灾难。经历了两次世界大战与美苏冷战的劫难,和平发展、合作共赢已经成为各国人民共同的诉求,而构建人类命运共同体正是中国努力为世界提供的方案。人类命运共同体思想与"和合"文化一脉相承,其本质是各国间差异互补、和谐共荣,即以期在同一个地球、同一个世界背景下,各国人民根据自己的国情自主选择发展道路,在充分尊重发展道路多样性的前提下,实现世界各国人民的和谐共荣。

第二节　中华历史文化是理论自信的坚固底气

中华历史文化是中华民族在几千年的历史发展中创造和积淀的智慧结晶,已深深熔铸于亿万中华儿女的血脉之中,成为中华民族的精神命脉。中国特色社会主义理论体系作为马克思主义理论与中国具体实际相结合而诞生的理论成果,深深扎根于中华大地,实现了与中华历史文化的水乳交融。中华历史文化作为中华民族的智慧宝库,在孕育文化精神、塑造文化品格和营造文化语境等方面为中国特色社会主义理论自信提供了坚实的文化根基,促成了中国特色社会主义理论体系独特的中国风格和中国气派。

一、中华历史文化孕育了中国特色社会主义理论体系的文化精神

文化精神是文化深层次的内容,是文化的灵魂和精髓,每一种文明都以自己独特的文化精神滋养着创造和信奉自己的人们。其中,历史悠久的中华文明在这一方面表现得尤为卓越。而作为中华文明的精华,中华历史文化也以其厚重的文化底蕴孕育了中国特色社会主义理论体系中以爱国主义为核心的民族精神和以改革创新为核心的时代精神,民族精神与时代精神紧密相连、相辅相成,共同构筑了中国特色社会主义理论体系的文化精神,推动中国特色社会主义事业不断发展。

民族精神是一个民族的灵魂向导,它源于民族自身并指引着民族的发展前进。中华民族自古就有"天下兴亡,匹夫有责""捐躯赴国难,视死忽如归"的文

化基因和爱国豪情，而这一精神也在近代中国争取民族独立和人民解放的斗争中被彰显得淋漓尽致。然而，不惧侵略并不意味着喜好战争，中华民族从来都将和平视为珍宝，崇奉"协和万邦"的外交理念，特别是面对当前世界范围内甚嚣尘上的"中国威胁论"。与此同时，"天时不如地利，地利不如人和""克勤于邦，克俭于家"等古训也造就了中华民族团结统一、勤劳勇敢的精神品质。此外，中华民族在发展过程中所经历的无数艰难险阻也在亿万中华儿女的血脉中注入了自强不息的精神基因。所以，正是在历史长河的奔流不息中，中华民族形成了以爱国主义为核心的团结统一、爱好和平、勤劳勇敢、自强不息的伟大民族精神。这一精神也成为中国特色社会主义理论体系的重要组成部分，并为新时代中国特色社会主义的发展提供了强大动力。

时代精神反映着一个国家的发展方向，它源于时代潮流并指导着国家的蓝图规划。中华民族历来重视创新为社会发展带来的巨大动力，战国时的商鞅变法，宋代的王安石变法，以及晚清时期的戊戌变法等都体现出中国人民求新求变的创新精神。随着时代发展，中华历史文化中追求创新的精神得到了充分的传承和发扬。"世界每时每刻都在发生变化，中国每时每刻也在发生变化，我们必须在理论上跟上时代，不断认识规律，不断推进理论创新、实践创新、制度创新、文化创新以及其他各方面创新。"因此，基于时代的发展要求，中华民族逐渐形成了以改革创新为核心的时代精神。其中，大庆精神、"两弹一星"精神等为人们带来极大鼓舞的行业精神构成了时代精神的重要内容。当前，随着红船精神、井冈山精神、西柏坡精神等一批革命精神在新时代持续焕发精神力量，时代精神也不断被丰富和充实。进入新时代，随着全面深化改革的不断深入，以改革创新为核心的时代精神持续鼓舞着中国人民在与时俱进、开拓进取的中国道路上越走越远、越走越坚定。

此外，中华历史文化在孕育中华民族的民族精神和时代精神的同时，也为中国特色社会主义核心价值观的形成提供了直接来源，使中国特色社会主义理论体系的文化精神更为丰盈饱满，为亿万中华儿女提供了源源不断的精神滋养。在接受历史文化精神滋养的同时，"坚守中华文化立场、传承中华文化基因、展现中华审美风范"也成为我们义不容辞的使命和担当。

二、中华历史文化塑造了中国特色社会主义理论体系的文化品格

一种文化的兴衰沉浮在一定程度上取决于其文化品格。中华文明之所以

能成为世界上唯一留存、未曾中断的古老文明,其兼收并蓄、海纳百川的文化品格功不可没。而这一优秀文化品格在维护文化传承、滋养中华儿女、推动民族发展的同时,也为中华民族世代传承,成为中华历史文化的重要组成部分,在指导中国特色社会主义理论体系形成的同时内化于其中,成为中国特色社会主义理论体系本身所固有的文化品格。

尊重文化差异,注重文化多元,汲取古今中外文化养料,延揽八面来风,是兼收并蓄、海纳百川的文化品格赋予中华民族的宏大文化气度。中华民族在漫长的发展过程中一贯坚持厚德载物、有容乃大的文化立场,从西汉的丝绸之路,到唐朝的国际大都会,再到明朝的郑和下西洋等,都促进了中华民族的对外交流与文化发展。随后,1917年俄国十月革命的一声炮响,给苦苦追求民族独立和人民解放的中国人民送来了马克思主义。面对马克思主义这一外来文化,中华文化以其包罗万象的气度和姿态迅速接纳,并积极找寻其与中华历史文化之间的契合点,最终实现了马克思主义在中华大地的落地生根乃至开花结果,为马克思主义中国化的两次飞跃提供了必要条件。

"文化就像一个绵延不断的河流,源头来自远古,又由许多支流、干流汇合而成。"中华历史文化正是以其兼收并蓄、海纳百川的文化品格成就了自身的源远流长与博大精深。与此同时,历史文化也在潜移默化滋养中塑造和赋予了中国特色社会主义理论体系以同样的文化品格推动中国特色社会主义理论体系的不断丰富和发展。

三、中华历史文化营造了中国特色社会主义理论体系的文化语境

文化语境作为人们交流互动的社会背景,与社会文化习俗等密切相关。在不同的文化语境中,人们的表达方式和交往风格也有较大区别。中华历史文化包含着中华民族的文化基因,以润物无声的方式影响着中华儿女的为人处世和言行举止,也为中国特色社会主义理论体系营造了独特的文化语境,使中国特色社会主义理论体系通过"方块字"和"中国话"等中华民族所特有的表达方式承载和传播。

马克思主义理论作为人们认识世界和改造世界的科学理论体系,凭借其无可辩驳的科学性和先进性,一经传入中国就受到了当时革命人士的热烈欢迎。然而,科学理论只有被广大人民群众所掌握,才能充分释放其真理力量,甚至转化为物质力量,这也成为马克思主义实现中国化和大众化的客观要求。基于

此，大量的马克思主义论著被翻译成中文，一些晦涩难懂的马克思主义原理也采用了普通百姓通俗易懂的中国传统表达方式进行传播。改革开放以来，面对经济迅速发展和人们信仰日趋多元化的社会现状，我们党在坚持以马克思主义为指导的前提下，日益重视对于中国特色社会主义理论体系的宣传工作，通过"小康""共同富裕""实事求是""发展才是硬道理"等既符合马克思主义原理，又易于为普通百姓所领会的传统话语进行理论阐释。

中华历史文化是中国特色社会主义理论体系形成和发展的文化家园，为中国特色社会主义理论体系营造了独特的文化语境。与此同时，以"方块字""中国话"等中国传统表达方式为载体的中国特色社会主义理论体系也因此而呈现浓郁的民族风格和独特的美妙意境。

综上所述，一个民族和一个国家的强盛是以文化的兴盛为支撑的，中华民族的伟大复兴同样离不开中华文化的发展繁荣。在新时代，要充实中国特色社会主义理论自信的源泉，需要我们不断对中华历史文化进行创造性转化和创新性发展。一是要批判性继承。要消除中华历史文化中的奴性文化，从而走上现代化道路。近年来，历史文化中的糟粕"官本位主义"卷土重来，导致官僚主义、奢靡之风横行，这是我们应该特别警惕的。二是要创造性继承。要对历史文化资源进行系统梳理，让那些收藏的文物、陈列在广阔大地上的遗产以及书写在古籍里的文字都活起来，如举办"汉语桥"比赛，点燃外国人士学习汉语的热情；将历史文化学习与智能手机应用软件相结合，盘活中华历史文化资源，使其为世界人民所喜闻乐见。三是要开放性继承。一方面，要促进中华历史文化与世界文明互动和互鉴，在比较和借鉴中深度挖掘中华历史文化的当代价值，在与"他者"文明的比较中认清自己的优势与不足，在平等、尊重、包容"他者"文明的过程中获得对"他者"文明的认同；另一方面，要基于当代中国的新文明观来看待和处理全球不同文明。新文明观认为，"文明因交流而多彩，文明因互鉴而丰富。文明交流互鉴，是推动人类文明进步和世界和平发展的重要动力"。站在新文明观的立场上，既要展现出中华文化在对外文化交流中的自信，又要展现出中国愿意学习借鉴世界其他文明优秀成果的大气姿态。由此，实现中华历史文化在当代社会的传承与弘扬、转化与发展，不仅有助于提升中国特色社会主义理论自信，而且是实现中华民族伟大复兴这一价值旨归的客观需要。

第三节　中华历史文化是制度自信的深厚根基

制度自信是中国共产党发展进程中的突出特点和光荣传统,是中国共产党领导中国特色社会主义建设事业的核心驱动和重要法宝。中华历史文化是制度自信生成的深厚根基。制度自信,其本质是建立在五千多年文明传承基础上的文化自信。坚定中国特色社会主义道路自信、理论自信、制度自信,本质上就是要坚定文化自信。文化自信是更基本、更深沉、更持久的力量。这就深刻阐明了中华历史文化与中国共产党制度自信之间的内在关联和逻辑机制。根据中国共产党制度自信的新实践、新要求,加强对中华历史文化理论与实践的系统分析和深入思考,对于进一步弘扬中华历史文化、增强中国共产党制度自信,具有十分重要的价值和意义。

一、中华历史文化是中国共产党制度自信的生成渊源

毋庸置疑,中国共产党的制度自信根源于中国近代以来的历史性实践。而这一历史性实践,不仅体现为中华民族在其自身发展的现实过程中遭遇"三千年未有之大变局"时倍感艰辛的苦苦求索,更在深层次上体现为中华历史文化在其自我传承过程中遭遇"古今之争""中西之辩"等多重文明的困境与冲突时,所表现出来的独特、坚忍的文化品格。因此,要论及中国共产党的制度自信,就无法脱离这一文化前提。遵循这一逻辑思路,中华历史文化便成为中国共产党制度自信的生成渊源。

中国共产党的制度自信,以中国特色社会主义制度的现代实践为直接依据。而"现代实践与历史文化是不是对立两分的关系",是一个值得深入思考的历史问题。长期以来,在启蒙时代理性主义西风盛行的影响下,以强调主客体二者分离为基础的认识论日益侵蚀着人类的视域。如此一来,在通俗意义上被视为完成时态或者既成之物的历史文化,就被解读为与现代实践毫不相关的纯客观存在。马克思主义认识论的真实意义告诉我们,认识是由主客体之间的互动关系形成的一个交互耦合的过程,这一过程不仅包含着认识客体的对象性,也包含着认识主体的构建性,从而体现为一种由"既成"到"生成"的思维方式。由此,无论在理论上还是在现实中,历史文化只能是被我们所认识到的并且带有主体建构特点的存在。历史文化所具有的这层意义一经揭示,就决定了它就

不再是一种远离我们现实生活的"既成性存在",而是一种与作为主体性存在的我们以及我们所生活的时代密切相关的、交融互动的"生成性存在"。这不仅需要我们不断地与之进行互动,而且会因这种永不停息的互动,使其参与对当下乃至对未来社会的塑造过程之中。当然,只有在历史文化自身不断生成的过程中,成功应对新时代的各种挑战而做出持续性贡献的部分,才可以称为优秀的历史文化。从一定程度上看,中国共产党的制度自信,就源于这种与中华历史文化的持续互动。在这个持续交融互动的过程中,既形成了制度自身发展特有的本土化定向,又在应对新时代面临的挑战中不断扬弃更新,从而在制度文明演进的漫漫征途中彰显自身的优势与活力,坚定自己的信心。

中国共产党的制度自信,是以马克思主义与中华历史文化的结合为文化依据。传承的真正意义,就文化而言,任何一个民族之所以能取得伟大成就,只要它曾遇到外力的强大冲击,都会一方面表明其具有充分的包容性,另一方面,表明其有能力在交融发展的过程中获得对自我的传承。就此而言,马克思主义与中华历史文化结合的真实意义,应该是马克思主义的世界观变革对中华历史文化内生力的重新开启。换言之,马克思主义中国化的艰辛历程,充分激活了中华历史文化的内生力,并使其展现出了自身特有的文明境域。在此过程中,我们不能忽略的根本前提是,中华历史文化在其特定的发展阶段中,必须是具有批判反思能力的,从而在扬弃中获得它的自我传承。由此而论,中华历史文化独特的文明境域,内在地生成了中国共产党的制度自信。没有如此独特的文明境域,就没有中国特色社会主义制度的生成、完善和发展。

二、弘扬中华历史文化是中国共产党制度自信的时代要求

弘扬中华历史文化,有利于中国共产党坚定自身的理想信念,能够为制度自信提供方向引领。制度自信需要方向引领。理想信念是人类文明的崇高特征,引领着人类社会制度的变迁和发展进步的方向。中华历史文化在其漫长的历史发展中,之所以能源远流长、生生不息,得到人们的热爱和推崇,首要在于其具有涵养理想信念的特质,从而使其获得了超凡的文化感召力和浑厚的民族凝聚力,引领着社会前进发展的时代轨迹。在多元文化相互并存、激荡交融的当今时代,对历史文化的弘扬,有利于坚定中国共产党为共产主义目标奋斗的理想信念,并在最根本的意义上,引领着制度自信的深层指向。

弘扬中华历史文化,有利于中国共产党加强社会道德建设,能够为制度自

信提供精神动力。制度自信需要精神动力,中国共产党的制度自信,来源于中华民族凝心聚力的传承。文化以价值观为其核心,价值观以文化为其载体,牢固的核心价值观,必有其牢固的根本。绵延数千年的中华文化,有着其自身独特的价值体系。历史文化的基因已经植入中华民族体内,并且深入中华儿女的内心,对其思想和行为方式有着潜移默化的影响。因此,对社会主义核心价值观的培育,必须以中华历史文化为滋养,以保证其生命力,彰显其影响力,并进而为制度自信凝聚起民族的向心力。中国共产党的制度自信,来源于中华民族向善、守正的笃行。多元文化价值观的困境与功利浮躁物欲的盛行,造就了中国共产党制度自信特有的时代意义。在这样的时代氛围中,坚守制度自信的方向,涵养制度自信的底气,保持制度自信的恒久力,需要加强道德建设,需要道德典范的感召笃行,需要褒扬正气、扬善抑恶,在自律与他律的互动促进中,约束堕落腐化及不良思想和行为对制度自信的侵蚀。换言之,中国共产党必须发挥道德践行的模范先锋作用,以带动全社会形成良好的环境氛围,而只有每个人都能在当前的时代背景下克服阻力,端正立场,坚守制度自信的方向,涵养制度自信的底气,对制度自信保持恒久的坚持,才能使中国共产党的制度自信具有真正的现实意义。

弘扬中华历史文化,有利于中国共产党提升国家文化软实力,能够为制度自信提供条件支撑。制度自信需要条件支撑。文化软实力表征着一个国家或民族基于文化而拥有的吸引力、影响力及生命力。文化软实力的提升,有助于整合经济、政治、军事等战略资源,以保障其发挥最佳效能和优势,进而提升国际影响力。遍览古今中外,任何一种先进社会制度的发展过程,既是经济、军事等硬实力发展提高的过程,也是其思想文化、价值观等软实力发展提升的过程。弘扬中华历史文化,有利于展示中华文化的独特魅力,有利于提升文化的融合力,进而为中国共产党的制度自信提供实践、思想和精神等条件的有力支撑。

三、弘扬历史文化,助推中国共产党制度自信的层次跃迁

中国共产党的制度自信,不是一个抽象的静态概念,而是一个贯穿制度自觉向制度自强转变的动态过程。弘扬历史文化,强化这一过程的影响,无疑是深远的,因为从制度形态所承载的人类特有文明的意义上讲,中华文化的自我传承过程,实际上也就是中国制度自我完善过程,同时也是中国共产党的制度自信由话语切中现实、由表层转至核心、由自觉走向自强的过程。

首先，弘扬历史文化，推动中国共产党的制度自信由话语切中现实。中国共产党的制度自信，首先是作为一种话语而存在的。毫无疑问，这一话语联结着其特定的实体性内容。而这一内容，既源于其对中国制度发展规律的把握，又有其特定的思想和精神要旨，而更为重要的是它与中国当代社会发展现实的真切关系。换言之，它不仅以现实实践为直接依据，也必然以现实实践为最终归宿，中国共产党的制度自信，只有不断切中现实、改变现实，才能具有不竭的生命力。历史文化不断以其自身所特有的方式作用于中国当代现实的发展。历史文化与中国当代现实发展的不断对话互动，不但孕育了中国共产党的制度自信，而且必然促使这一制度自信之话语形态不断地以其现实实践和历史发展为内容定向。

其次，弘扬历史文化，促进中国共产党的制度自信由表层转至核心。中国共产党的制度自信，直接体现为对制度存在形式的自信。所谓对制度存在形式的自信，既是指对制度根本保障优势的自信，又是指对制度宏观整体优势的自信，还是指对制度微观具体优势的自信，也是指各制度之间彼此耦合优势的自信。具体而言，中国制度在其独特的自我完善过程中，既形成了其从根本上保障人民主体地位的优势，又形成了宏观整体上集中力量办大事的优势，还形成了微观具体上激发社会活力的优势，也形成了彼此之间的良性互动，以保证功能发挥之最佳效能的优势。所谓对制度核心的自信，即对制度之保障人类最终自由发展解放的自信，也就是说对制度向善之核心的自信。所有这些，不仅由中华历史文化为基础的"比较优势"转化而来，更来自其与历史文化的持续性对话互动。在这一互动过程中，中国共产党的制度自信，也就由表层的存在形式的自信，逐渐转至核心理念的自信。

最后，弘扬历史文化，助力中国共产党的制度自信由自觉走向自强。中国共产党的制度自信，贯穿从制度自觉走向制度自强的过程。制度自觉，意味着制度的觉醒、使命与担当；制度自信，意味着制度的传承、超越与开放；制度自强，意味着制度的目标、路径与方向。中国共产党的制度自觉，实际上开始于新民主主义制度的探索，新民主主义制度的形成，又意味着其为中国共产党、为落后的中国创制了这样一种制度模式，即在生产力极端落后的情况下，允许与生产力水平相适合的各生产关系以及与之相适应的上层建筑在各自领域内发挥其特定功能，进而推动社会的整体进步。中国当代制度的构建，以及其发展过程中的自我完善,无论在其外部形态还是在其核心理念上,都内含着对新民主主义制度的扬弃与超越,从而在中国特色社会主义发展初级阶段的物质基础上,开启了由制度自觉走向制度自信、进而走向制度自强的征程。在这一由制度自觉向制度自信再向制度自强的历史转化过程中,始终无法摆脱的一个主题,就是任何科学真理的成功都必然具有其独特的历史文化背景。而历史文化,正是我们不断应对新时代挑战的有力支撑,因为其本来就是无法舍弃而必会有所传承的。因此,弘扬历史文化,必定助力中国共产党的制度自信,由制度自觉走向制度自强。

第四节　中华历史文化是文化自信的丰富源泉

中华历史文化是中华民族的精神之根和文化之魂,中华历史文化中的价值理念和道德规范是文化自信的重要来源,中国特色社会主义文化自信离不开中华民族历史文化的滋养。用中华历史文化培育文化自信能够使我们更加明确中华历史文化在培育和践行社会主义核心价值观、提升国家软实力、提高人民群众的文化素养等方面的作用,从而达到增强文化自信、实现中华民族伟大复兴的目标。

一、中国特色社会主义文化来源于中华历史文化

人是一种历史的和社会的存在,也是文化的存在。每个民族在自身发展的过程中都会形成独具特色的历史文化,是本民族独有的精神标识和民族品格,它的民族性反映在其成员的内心世界、思维模式和行为方式上。

当今中国,文化自信中的文化实质是中国特色社会主义文化。中国特色社会主义文化源于中华民族五千多年文明历史所孕育的中华历史文化,熔铸于党领导人民在革命、建设、改革中创造的革命文化和社会主义先进文化,根植于中国特色社会主义伟大实践。中国特色社会主义文化深深根植于中华历史文化的丰厚沃土之中,继承了历史文化的优质基因。若割裂文化血脉,中国特色社会主义文化便真的成了无源之水,无本之木。中华文化曾拥有过辉煌的历史,一度引领世界文化潮流,虽经历了近代的内忧外患、内外夹击,仍保持旺盛的生命力,其中蕴含的哲学思想、人文精神、道德思想等对当今世界发展仍具有借鉴价值。"天人合一、道法自然"的世界观、"自强不息、厚德载物"的人生观、"己所

不欲,勿施于人"的黄金律令、"致良知"的道德主体自省、"以民为本、安民富民乐民"的治国主张、"亲""诚""惠""容"的周边外交理念……这些思想理念和文化精神涵养孕育了社会主义先进文化,经过不断创造性转化和创新性发展,逐渐增加与中国特色社会主义的契合度,在社会主义建设和改革中焕发出新的生命力。

历史继承性是文化的一个重要特性,文化的历史继承性使前一阶段的文化能够流传下来,并成为后一阶段文化的重要发展资源,并实现着文化的革故鼎新。文化是人类社会实践的产物,其源泉是自由自觉的实践活动。中华文化就是中华民族千百年来自由自觉的实践活动的智慧结晶,主要包括历史文化、革命文化和社会主义先进文化,它们构成了中国特色社会主义文化的重要内容。这三种文化相互关联、密不可分。社会主义先进文化是对历史文化和革命文化的继承发展与推陈出新的结果,由于文化具有历史继承性,我国的革命文化是历史文化滋养和孕育的革命文化,是对历史文化的继承和发展;我国的社会主义先进文化是蕴含历史文化和革命文化的先进文化,是对历史文化和革命文化的发扬光大。中国特色社会主义文化融合了历史文化、革命文化和社会主义先进文化,是对三种具体文化内容的整合统一,而追根溯源,中国特色社会主义文化源于中华历史文化。

二、弘扬中华历史文化促进培育文化自信

中华历史文化是构筑中国特色社会主义文化自信的重要基础。中华历史文化是中华民族在长期历史发展中积累起来的精神财富和不竭动力,具有深厚的历史渊源和广泛的现实基础,是构成中华民族文化软实力的根基。充分认识中华历史文化的思想精髓、道德理念、民族精神和时代价值,使其成为涵养中国特色社会主义文化的重要源泉。只要处理好继承和发展的关系,做好创造性转化和创新性发展,做到以古鉴今、古为今用,做到中华历史文化与中国特色社会主义发展相契合,那么,弘扬中华历史文化就必定能够对培育中国特色社会主义文化自信产生积极作用。

在中西方文化碰撞中弘扬中华历史文化有利于培育中国特色社会主义文化自信。当前,西方文化思潮的涌入为我国文化发展带来生机活力的同时,西方文化的渗透、侵蚀,甚至同化,对我国文化发展的不利影响也逐渐显现出来。西方强势文化的涌入与传播在一定程度上冲击了我国的主流价值观念,同时也

造成了对文化自信的冲击。坚定文化自信必须建立在对自身文化优势的认知和自觉以及对西方文化本质的深刻了解和洞察的基础之上,在多元文化与价值观念中确立自身的核心价值观,促进中国特色社会主义文化的发展。而中华历史文化经历了无数的内忧外患、天灾人祸,仍然能经久不衰、繁衍发展、生生不息。这种历史文化经得起时间的考验,经得住岁月的洗礼,是中华民族理想与情感的载体,是抵制民族文化认同危机的厚重基础和坚实支撑。

中华历史文化的生命力在于它可顺应时代发展而吐故纳新。对中华历史文化,我们应坚持创造性转化和创新性发展的原则,顺应时代发展,通过赋予历史文化新的内容和表现形式,激活它的生命力,增强历史文化的感召力和影响力。例如,"礼之用,和为贵"是儒家倡导的道德实践原则。其含义是,礼的作用,贵在能够和顺。历史文化中所提倡的"和为贵"的思想,在当今社会主义核心价值观中被赋予了新的含义,即发挥中华历史文化的智慧启示作用,建构一种多元存在、合作共赢的现代人际关系、社会关系和国际关系。

坚持"取其精华,去其糟粕"的马克思主义辩证思维,中华历史文化经创新转化彰显其时代特色与当代价值,必定有利于提升中国特色社会主义文化自信。历经五千多年沉淀传承下来的历史文化,经历了历朝历代的演变,带着历史的印记,不可能完全适应新时期中国特色社会主义建设的需要。我们应坚持历史唯物主义态度对待历史文化的继承与发展问题,既不能全盘否定,也不能不辨真伪连糟粕也一同吸收,应秉持理性的态度,取其精华,去其糟粕,杜绝采取全盘接受或全盘抛弃的绝对主义态度,要有鉴别地加以对待,有扬弃地予以继承,弘扬历史文化中的优秀积极因素,摒弃阻碍社会进步的消极落后因素。只有这样,才能彰显中华历史文化古为今用、与时俱进的优秀品质,才能凸显历史文化的当代价值,才能更加坚定文化自信。

第六章

坚定文化自信，推动中华历史文化"走出去"

第一节　推动中华历史文化"走出去"的重要意义

中华历史文化"走出去"，也就是中华历史文化的国际传播，是指通过文化交流活动，向世界各地传播中华民族的文化理念和文化形态，提供文化产品和文化服务。中华历史文化的对外传播，于国内而言，有助于提高我国的文化软实力，进而提升综合国力；于国际而言，有助于促进世界文化多样性的发展，扩大我国的文化影响力，提高并巩固我国的国际地位。

一、国内角度：提高文化软实力，提升综合国力

文化软实力的重要性不言而喻，为加快我国建设社会主义文化强国的进程，扩大文化影响力，以有效应对来自世界各国的文化入侵，提升综合国力，推动中华历史文化"走出去"的意义便显得尤为重大。

推动中华历史文化"走出去"，有利于提高文化软实力，增强文化自信。在漫漫的历史长河中，历史文化以其独有的魅力为中华文化的发展增添了不可或缺的一抹亮色。"百家争鸣"的盛况时至今日依然是一场文化盛宴，其中尤以儒家对后世的影响最为深远持久；唐诗宋词元曲乃至明清小说的不断发展，塑造了我国传统文学的独特吸引力；四大发明、琴棋书画的涌现更是中华历史文化的重要标识。如何最大限度地扩大中华历史文化的魅力，将其转化为文化软实力，是现实所赋予的一个重大问题，也是增强文化自信的重要一步，这一问题不仅需要我国人民的尊重与推崇，更需要世界人民的了解与认可。唯有努力推动中华历史文化"走出去"，挖掘其中所蕴含的精华并根据时代要求进一步加以创新，才能提高我国的文化软实力，使中华历史文化重新焕发出新的活力与感染

力,进而推动社会主义文化强国建设进程。

推动中华历史文化"走出去",有利于提升综合国力,增强文化竞争力。毫无疑问,各国文明之间的交流互鉴能够实现双方的互利共赢,历史已经证明,文明交流互鉴不仅是历史发展的必然趋势,更是推动本国发展的催化剂。中华历史文化是无与伦比的文化宝藏,推动其"走出去"并向外传播,便是向世界人民展示我国形象的特色名片,也是提高我国文化软实力的必经之路。大力推动中华历史文化"走出去",才能在激烈的国际竞争中占据一席之地,才能逐步提升我国的综合国力,增强中华历史文化的竞争力,这是一项任重而道远的任务,仍需在当前的大环境之下予以极大的重视与关注。

二、国际角度:扩大文化影响力,巩固国际地位

中华历史文化"走出去",不仅对国内的发展有着不可替代的重要作用,对国际社会同样产生非比寻常的影响。首先,这一举措的重大意义在于促进了世界文化多样性的发展,其次,也有利于扩大我国的文化影响力,这二者之间相辅相成、相得益彰。

推动中华历史文化"走出去",有利于促进世界文化多样性的发展。"尚和合、求大同"是中华历史文化的重要内容,是中华文明的思想精华。《礼记·中庸》中有"万物并育而不相害,道并行而不相悖"的朴实写照。从历史维度来看,中华民族即便具有浩瀚精深的文化宝库,也从来不排斥其他文化类型和文明形态,相反,更加认同各种文明形态和文化呈现的意义与价值。正是内在具备文化多样性的自知自觉,中华历史文化才能历经五千多年而长盛不衰,中国才能成为一个坚持协和万邦、尊重他国文明的国家。从长期趋势来看,文化全球化是主流趋势。全球化本质上是全球性的共同生产生活,而文化全球化是超越主权边界的共同生产生活的文化诉求和表达。这意味着各国历史文化是有其存在意义和价值的。现阶段,伴随着文化冲突与文化共生的矛盾性场景,出现了文化单极化与多元化复杂交错并存的局面。按照"和而不同"的"道并行而不相悖"的共处、和处原理,中华历史文化"走出去"有利于助推世界文化多样性发展。

推动中华历史文化"走出去",有利于扩大我国的文化影响力,巩固我国的国际地位。就当前的国际背景而言,我国在经济领域已取得了长足的发展,然而,与之形成鲜明对比的是文化领域方面的发展相对滞后。这不仅受限于当前

国际环境下某些西方媒体对我国的歪曲报道,致使我国在中西文化交流中处于劣势地位,也由于我国的文化精华还未被充分挖掘展示,导致世界人民对我国的文化还不够了解。中华历史文化"走出去"可以为世界人民展示泱泱大国从古至今的魅力,潜移默化地影响其对我国文化的喜爱程度,从而扩大我国的文化影响力。同时,也能够在文化交流与文明互鉴的过程中,扭转西方媒体对我国的歪曲报道,扩大文化传播的深度与广度,巩固我国的国际地位。这不仅是全球化背景下中华历史文化发展的必然趋势,更是我国为推动构建人类命运共同体所做出的不懈努力。推动中华历史文化"走出去"对于构建人类命运共同体具有极其重要的意义。

推动中华历史文化"走出去",有利于促进世界各国民心相通。国之交在于民相亲,民相亲在于心相通。世界各国国际关系的发展既需要经贸合作的"硬"支撑,更离不开文化交流的"软"相连。民心相通在"一带一路"建设"五通"中具有重要的基础性作用。中华历史文化强调"己所不欲,勿施于人"和"人之所欲,施之可行",即想人之所想、急人之所急、欲人之所欲,站在对方的角度想对方需要什么,而不会将连自己都不愿意要的强加于别人。中华历史文化里处理人际关系的格言与人类命运共同体的理念一脉相承,也只有这样,各国人民之间才有共同关切、共同语言,中国倡导的构建人类命运共同体的理念才能感人肺腑、动人心弦。在中国推动构建人类命运共同体的过程中,通过文化交流与合作,可以使各国人民产生共同语言、增强相互信任、加深彼此感情,这与西方式的全球化布局与运作模式截然不同。近年来,中国与世界各国的文化交流内容越来越多、中国文化影响越来越大,尤其是民间交流越来越频繁,密切了中国同世界各国人民的友好感情,夯实了中国同这些国家合作的民意基础和社会基础。

第二节 推动历史文化"走出去"的基本历程

我国实施的文化"走出去"战略,是一个系统性工程,不仅需要依靠政府组织,还需要调动企业、社会组织和民间个人等一切力量。因而,本节对中华历史文化"走出去"的发展历程的探讨主要是以文化传播主体来进行划分的。

一、政府层面的文化走向世界

改革开放之后,随着我国文化步入世界文化潮流,文化走向世界已经成为我国文化发展的重要战略，政府的重视和支持是实现中华文化"走出去"的首要保障，政府在文化"走出去"中发挥着主导作用。

我国政府层面的文化"走出去"主要通过中央政府、各省市自治区政府、各州市政府三个层面垂直领导、协调配合、有序实施。这是一种大部署、大计划、大协调的"大兵团作战"的方式。这是我国在目前国情下，实施文化"走出去"的最主要途径。政府层面文化走向世界的方式多种多样，主要的传播方式有开展综合性文化交流活动，文化艺术团出访演出，设立海外文化中心，与举办展览、文化论坛，设立对外文化贸易基地等。

综合性文化交流活动主要包括两个层面：一是国家层面的"中国文化年"，二是地方政府层面的文化月、文化周、文化节等活动。中外互办文化年已经成为对外文化交流的重要手段，"中国文化年"加深了各国人民对中国文化的认识，成为中华文化走向世界最为直接的方式。近年来，"中国文化年"在世界很多国家举行，如 2002 年 4 月中日韩三国政府共同主办的"中日韩文化交流年"系列活动，2003 年、2004 年中法互办"文化年"，2006 年、2007 年中俄互办"文化年"，2010 年意大利"中国文化年"，2016 中埃文化年，2016"中拉文化交流年"等。随着中国经济实力和国际影响力的提高，越来越多的国家开始关注中国，比以往更加迫切了解中国，举办"中国文化年"成了形势发展的迫切需要。"中国文化年"的举办，在很大程度上促进了我国文化、经济、政治、外交等方面的全面发展。"中国文化年"文化项目，以国家文化的大视角向全世界人民诠释了中华文化，淋漓尽致地反映出了中华民族精神和文化价值观，推动了中华文化走向世界。

文艺团体访问演出是世界上大多数国家普遍采用的文化交流形式，其最大的特点是普及性、艺术性和直观性，能在较短时间内拉近与国外受众的距离，让外国受众认识了解该国文化，起到良好的文化传播效果。在我国，文化艺术团出访演出是中华人民共和国成立后发展起来的历史文化"走出去"的方式。这一方式能使我国的文化艺术直观地走入国外受众的视野。文艺团体访问演出大体可以分为两种模式：一种是由政府直接派出艺术团到别国演出，作为文化外交手段之一，这也是最直接的一种方式；另一种是由政府引导的半官半民形式的文化艺术团出访演出。由政府直接派出艺术团演出一般在进行外事访问或举办大中型综合文化交流活动时采用；文化艺术团出访演出除了上述政府层面"走出去"的形式,还有由政府引导的半官半民的文化"走出去",这种形式介于政府层面和非政府层面的文化"走出去"之间,是政府引导和扶持文化"走出去"的途径。

举办展览是最为直接的文化"走出去"的方式,是中华人民共和国成立后发展起来的一种传统的、最为普遍的对外文化交流形式。我国在世界上大多数国家都举办过各种类型、各种内容的展览,在文化传播技术欠发达的时期,起到了关键而重要的文化交流作用。一般情况下,大型的、综合性的文化展览,是以各省、自治区、直辖市、特别行政区政府及其贸促会为主承办的。专业性的文化展览一般由各外贸总公司、商会、专业联合会为主承办。其主要的展览形式是通过在国外展出文物、书画、艺术作品等,达到文化传播与交流的效果。随着我国"走出去"工程的不断推进,国外举办展览已经成为我国政府组织文化走向世界的重要手段,并通过举办展览取得了良好的文化宣传效果。

文化论坛是中华文化走向世界的高端形式之一,一般来说,论坛的参与者大多是知识界和文化界的专家、学者和相关领域的社会精英,对带动中华文化的价值观、文化理念等高层次文化进入国外上层社会具有非常积极的意义。促进文化"走出去"的论坛,最典型的模式是中外文化论坛。文化论坛是文化走向世界中的最佳对话机制之一,出席论坛的多是中外文化高层次的专家、学者和艺术家,他们在自己的学术和艺术范围内具有相当的号召力和代表性,与会者的交流对促进各国人民间的相互了解具有高屋建瓴的重要作用。通过论坛这类对话机制探讨文化艺术发展的方式,加深了彼此相互认知、认可的程度,深化了国家之间的文化交流与合作。

海外中国文化中心是我国政府主导的文化走向世界战略的重要组成部分。2002年以来,我国先后在埃及、法国、马耳他等国设立了中国文化中心,与一大批国家签署了设立中国文化中心的政府文件。中国海外文化中心设立的目的是将海外中国文化中心打造成开展日常文化活动、向驻在国提供全方位资讯的国家信息服务中心、推广和教授中国文化及技能的国家培训中心、促进国内外文化机构和人才在多领域的深度交流及项目开发的联合研发基地。其主要的文化推介形式包括:与国内相关机构合作,通过举办演出、展览、文化节、影视周、图书节、旅游推介会、体育赛事、产品展示会,与驻在国开展图书、信息交流与合作,向公众提供中国信息咨询与服务,面向公众组织国家水准的语言文字、文化艺术、体育健身等培训项目,定期举办沙龙、研讨会和专题学术交流会,发展客座创作、联合制作等长期学术合作项目等专题性或综合性的文化活动,弘扬中华历史文化,推介当代优秀艺术成果,推动中国文化产品、主流文化进入驻在国主流文化视野,进入驻在国社会生活和公众的情感世界,增进驻在国公众对中国文化作品、社会现象以及价值观的了解、理解和认同。对外文化贸易基地在国家对外文化传播中起着创新示范区的良好带动作用,作为国家级文化贸易口岸、中华文化"走出去"的能力培养区和艺术品交易市场,以更便捷的形式支持中国文化产品走向世界。在新的国际形势下,世界主要国家都将设立对外文化贸易基地作为国家文化战略的重要一环。

二、非政府组织层面的对外文化交流

我国文化走向世界是一个综合性的系统工程,既需要通过官方渠道,由政府部门主导并进行推动,也需要通过民间渠道,由社会团体、社会组织等非政府组织力量共同实施。当前,通过非政府组织实施对外文化交流已经成为国际文化交流的主要渠道。与政府组织不同,非政府组织具有更强的灵活性,且因长期从事同一性质的工作而更具专业性,同时具备了"半官方"和"半民间"的性质。

我国对外文化交流的非政府组织起步比较晚,但发展较快。我国各类与文化相关的非政府组织近年来在国际上活动频繁,将中华文化推向海外,成为我国文化"走出去"的重要力量。非政府组织的活动方式通常都比较灵活,而且能够开展得比较专业,通过专业的交流引起双方的共鸣。非政府组织的活动不太容易引起对方的反感,因为意识形态和政府行为比较弱,因此容易融入当地民众中去,从而产生较好的传播效果。例如,1986年7月成立的中国对外文化交流协会是在我国对外文化交流活动中影响非常大的非政府组织,其宗旨是通过开展同各国之间的民间文化交流与合作,繁荣人类的文化事业,增进中国人民同世界各国人民之间的相互了解与友谊,是从事国际文化交流的全国性社会团体。另外一个对外文化交流组织——中国国际文化交流中心,也是从事对外文化交流的全国性社会团体,其宗旨是,通过民间的国际文化交流,加强中国人民与世界各国、各地区人民的相互了解和友好合作,为我国经济发展、科学进步、文化繁荣服务,为促进世界和平做出贡献。

三、文化企业层面的对外文化输出

文化企业层面的对外文化输出从根本上丰富和拓宽了我国文化"走出去"的内容和途径,并且随着文化企业在市场经济中不断发展壮大,对外文化输出已经成为我国文化产业发展的中坚力量。它们在国际市场运作中所获得的经验,不仅使其自身得到快速成长,也推动了国内文化产业的发展与成熟,加速了国内文化产业与国际文化市场的接轨。

我国文化企业引导文化走向世界的形式主要有两种:一是向海外输出文化商品。文化商品是指文化产业加工的、用于销售的文化产品,如图书、音像制品、影视作品、文学作品等各种文化艺术品,这是企业层面文化"走出去"的主要渠道之一。文化"走出去"是为了传播我国优秀的历史文化,是文化传播和融合的内在需求,文化走向世界需要借助文化商品所承载的文化符号和文化信息,传播本国的文化价值理念。二是对外文化服务。文化服务是指政府、非政府组织、文化企业和机构、文化工作者或个人取得文化利益或满足文化需求的活动。文化产业领域把非生产制成品的经济价值量,如设计、展览、表演、咨询、培训等向其他国家进行销售的行为称为文化服务。与第一类传统的以实物为基础的文化产品出口相比,文化服务贸易在文化贸易中的比重正呈现上升趋势,发展势头良好。除了这两种主要渠道之外,企业层面文化"走出去"的形式还包括合作投资,主要包括合作研发、国外直接投资、战略合作、委托代理等。

四、孔子学院的对外文化传播

孔子学院的创办是解决我国文化走向世界过程中语言障碍的一种方式,也是我国文化走向世界的一种独特而重要的组织形式。随着中国综合国力与国际地位的提高以及国际交流与合作的日益深入,汉语越来越受到各国政府、各跨国公司、国外大学、教育机构和国外大学生的关注,全球"汉语热"高潮迭起。可以说,孔子学院是"汉语热"全球升温的结果,它的诞生与兴起为中华文化的对外传播与交流开辟了一条新的途径。

目前,孔子学院已成为推广汉语教学、传播中华文化的全球品牌和平台,为发展中国与世界其他国家的友好合作关系,增进世界各国人民对中国语言、中国文化的理解,提供了方便、优良的学习条件。孔子学院作为汉语的国际传播机构,在实现汉语国际化和对外传播文化的过程中扮演着重要角色、承担着重要任务。

五、纯民间层面的对外文化交际

纯民间层面的对外文化交际是指以民间的个人或社会团体开展对外文化的活动。民间的对外文化"走出去"是我国总体"走出去"战略的重要组成部分，通过民间友好工作，广交朋友，以民促官，为我国整体文化"走出去"创造条件。民间层面的文化走向世界具有以下三个特点。

一是方式灵活多变，建立的信任度高。民间交往一般不讲求礼遇规格，交往形式更贴近生活，更具人情味。这种自由灵活的形式使外国友人得以亲身接触中国文化并有利于双方建立起良好情谊，这类具有私人性质的友谊在关键时刻能够发挥极大作用。同时社会组织的民间身份和非营利性等特点，使它们在开展文化交流活动时更具亲和力，更容易实现交流和理解并相互建立信任，使得文化"走出去"的效率更高。

二是受国际环境和国家关系变化的制约少。无论国际形势和国家关系如何变化，民间友好交往都是长期不断的，相互间建立的情谊是稳定的，可靠度是较高的。国家关系逆转时，两国人民之间的友好交往仍然可以进行，并且常常可以成为扭转局势的契机。

三是接触面广，交往内容广泛。民间交往的对象多样，包括民间组织、政党、社会团体、个人等。就交往内容来说，民间交往内容广泛，无论是阳春白雪还是下里巴人，都可列入其中。但随着民间组织的不断壮大以及国家的政策日渐鼓励支持，我国各类民间组织不断发展，也在对外文化交流活动中发挥着不可替代的作用。

第三节　推动历史文化"走出去"的主要成就

随着文化"软实力"为各国尤其是发达国家所重视，文化领域的竞争已成为国际经济、政治博弈的焦点之一。复杂因素的叠加使得文化博弈既是"软实力"的较量也是"硬实力"的竞争。在国际环境上，随着我国综合国力的不断增强，国际影响力日益提升，"中国热""中华文化热"持续升温，为文化"走出去"提供了有利的国际氛围和时机，但西方成熟的市场经济体系和文化产业的高端形态，致使其他文化难以进入西方主流社会。在此境遇下，中华文化"走出去"取得了一些成绩和经验，也面临更加激烈的国际竞争环境和更加复杂的国际市场因素。

一、"和谐世界"理念引起积极反响

中国在融入世界的过程中,继承历史文化"和为贵""和而不同"的思想精髓,在国际文化舆论环境中倡导世界多元文化相互补充、相互借鉴、相辅相成。和谐共生是事物存在、发展的基础和前提,和平与发展也是当今世界的时代主题。

从中国古人主张"协和万邦",到新中国提出"和平共处五项原则"作为解决国与国之间冲突的原则主张,表现了中华民族爱好和平的优良传统,是中华文化中"和"的思想在民族、国家、文化层面上的重要体现。

和谐,既是体现社会主义特征的价值观,也是人类普遍的追求。当前,国际霸权主义、恐怖主义和民族分裂主义威胁和阻碍着世界的和平与发展。"和谐世界"理念指导各国以和平发展为原则,更多采用协商、谈判等方式解决争端,建立共同的利益基础。从长远来看,"和谐世界"理念的提出必将对中国"软实力"的提升产生深远影响。《印度教徒报》在一篇名为《从"恐华症"到"中国热"》的文章中,赞扬中国的"和谐世界"理念在世界上赢得了广泛的称赞,中国所倡导的"和谐世界"理念,必将推动全球多元文化的共同发展,成为引领国际关系发展的新潮流。中国提出的"和谐世界"理念和主张,引起国际社会的强烈反响。英国的《经济学家》、德国的《法兰克福汇报》等国外主流媒体给予了积极评价,认为中国通过挖掘历史文化价值,提出了有别于西方价值观的国际关系新理念,向世界展现了独特的文化魅力。

国与国之间的斗争和矛盾是永恒存在的,特别是在全球化条件下,不同民族、不同文化、不同的利益诉求致使国际关系更为复杂。一些局部的矛盾和争议更加尖锐和突出。在国际交往中提出和睦、和平、合作的和谐世界理念,实际上深刻蕴含着和不弃争、以和济争、以争求和的思想。倡导不同文化和平相处,共生共长,用"和而不同""求同存异"的理念指导处理国际问题,是中华民族在处理国际关系问题上贡献的智慧。它在现实性上,是对强权政治、文化霸权主义与"零和博弈"的批判性否定,主张在世界多样化的发展中实现人类的共同繁荣,有利于世界的和平与稳定。它将使世界格局更为平衡,国际社会更为安全。

二、汉文化圈的文化认同得以加强

公元前 4 世纪后,汉字就相继传入朝鲜、越南、日本等国,成为这些国度的通用文字。随着汉字的流传，中国的典章制度及哲学、科技、文学艺术也传播于各国，对周边国家形成了深远的影响，形成了具有共同文化要素的东亚文化圈或汉文化圈。近代以来，东亚文化圈经历了中衰和裂变，日本、韩国、越南等国都接受了西方文化的巨大影响，在中国原来占统治地位的儒家思想也被马克思主义所替代。但当前汉文化圈的文化认同得以加强，正如亨廷顿教授所说，亚洲人相信东亚将保持经济的快速增长，相信这种经济成功在很大程度上是亚洲文化的产物，亚洲文化优越于其他文化，尤其是社会上颓废的西方文化。他们认为亚洲成功的原因从根本上讲是儒家文化的优点——秩序、纪律、家庭责任感、勤奋工作、集体主义、节俭等。周边国家的文化认同是中华文化"走出去"最有利的条件，因为语言和文化的差异一直被认为是文化交流和在国际交往中的最大障碍。文化差异越小，共同的意义空间就越大，交流的障碍就越少，"走出去"也就更容易。

随着中国的经济、军事的崛起，中国的大国地位获得了西方乃至整个世界的认同，尤其是亚洲汉文化圈国家对于东方文化的整体性自觉，使中华文化和语言重新获得了周边国家的重视。对东方文化的整体自觉和回归已然成为中国周边国家逐渐明晰的基本文化战略。2009年1月上旬，韩国20位历届总理将他们联名签署的建议书送进青瓦台总统府，以敦促政府尽早在小学实施汉字教育。这份建议书强调，半个世纪以来，由于"韩文专用"的文字政策，韩国陷入了"文化危机"。为从根本上解决这一问题，在小学正规教育过程中，应让学生分阶段学习汉字；不应将汉字视为外语；汉字应和韩文一起被视为"国字"来实施教育。之后，韩国科学技术与教育部计划让韩国各小学从2011年新学年开始，教小学生学习汉字。日本也在"脱亚入欧"的喧嚣后让日本学生重新开始学习汉语，每年都有数万日本学生接受汉字水平考试。

中国在东南亚各国的文化影响历史悠久，领域广泛，其中，华人华侨在促进文化交流中做出了巨大的贡献。印度尼西亚前总理阿里·沙斯特罗阿米佐约曾指出："远在我们两国第一次通航有海上贸易以来，印度尼西亚便和中国一直是友好的邻邦。中国的航船不仅带来了货物，随之而来的还有许多中国商人、手工业者，他们在我国定居下来，带来了中国的技术和古老的文化。直到现在，我国许多岛屿上还保留着这些文化的精华。"新加坡政府针对经济腾飞而道德水准下降的国情，在20世纪70年代末开始有意识地利用儒家的伦理道德医治道德水准下降的社会弊端。在 20 世纪 80 年代后期将儒家的核心价值孝顺、效忠、谦虚、诚实、勤劳、节俭等吸收为新加坡文化。1991 年,新加坡政府在《共同价值白皮书》中明确提出国家的核心价值观:国家至上,社会为先;家庭为根,社会为本;关怀扶助,尊重个人;求同存异,协商共识。这一核心价值观有着典型的东方儒家伦理特点。2019 年是新加坡"讲华语运动"40 周年,时任新加坡总理的李显龙在参加该活动的周年庆典时表示,推广华语是一项需要坚持不懈的工程。在全球掀起"汉语热"的背景下,新加坡也不能失去自己的双语优势,为了抓住中国发展带来的机会,就必须掌握这种语言。

可以说,在东亚汉字文化地区,中华文化的影响力至今依然根深蒂固。汉文化始终渗透在东亚国家的民族文化底蕴中。东亚儒学底蕴深厚,留有大量文化遗产,在国际政治文化中的地位独树一帜。所有这些都表明,中华文化"走出去"在周边国家有着较好的认同基础。

三、文化对外交流的形式日趋多样

(一)重大对外文化项目成功举办

近年来,文化和旅游部集中力量,突出重点,抓好具有重大影响的对外文化项目工作,节目质量和展演档次不断提高,获得了相关国家的认同和欢迎。其中,成功举办的"中法文化年"更是影响深远。从 2003 年 10 月到 2004 年 7 月连续举办的"中法文化年",300 多个项目,上千万人参与,此项被业界称作"决策层次高、时间跨度大、交流领域广、覆盖面积大、项目质量精、合作程度深"的活动,以空前的规模和宏大的气势,以"古老的中国,多彩的中国,现代的中国"为主题,从不同侧面展示了中国悠久灿烂的古代文化、绚丽多彩的民间传统和艺术以及不断创新发展的当代文化精神,以大文化的视角诠释了中国,反映了中华民族精神,在法国乃至欧洲引起了广泛的反响。2016 年 1 月 26 日,由中华人民共和国文化和旅游部主办,中国对外文化集团公司承办的 2016"中拉文化交流年"活动在北京正式发布。这是中国政府第一次在拉美地区举办的覆盖范围广、持续时间长、层次水平高的多边文化交流活动,包括"请进来"和"走出去"两大主线,共有数百个项目,通过举办演出、展览、论坛、电影展映、图书节、经典互译等多类别文化交流活动,扩大中华文化在拉美地区的影响力和亲和力,同时也向中国民众介绍拉美优秀文化艺术,通过文明互鉴增进中拉友谊。

另外,政府还通过制订文化交流计划推动项目的执行,重视文化领域的多层次互访，加强与发展中国家、周边国家、发达国家和友好城市间的文化交流。交流包括主动开展对外文化合作、学术交流与研讨、对外培训项目、海外商业拓展计划等活动；鼓励我国文艺界人士或团体走出国门，参与国际展演和赛事；进一步组织参加好各类国际文化艺术活动，在国外举办中国文化节、文化周、艺术周、电影周、电视周和文物展等。此外，我国还着力打造具有鲜明民族特色和国际水准的文化品牌。例如，利用春节、国庆节、建交日等重要节日、纪念日，组织举办高水平文化交流活动，增进世界对中国的了解，春节品牌、国庆品牌等做得比较有声势。自2010年春节起，文化部会同国家相关部委、各地文化团体和各地中国文化中心在海外共同推出"欢乐春节"系列大型文化交流活动。活动倡导欢乐、和谐、共享、祈福的理念，突出"欢乐春节，和谐世界"的主题，旨在与各国人民共度中国农历春节，共享中华文化，共建和谐世界。"欢乐春节"活动自从开办以来，就得到了国内外人民的广泛欢迎和积极参与，规模越来越大，反响越来越热烈。中国符号、中国文化、中国精神越来越受到西方主流社会和全世界人民的认同、接受和喜爱。

(二)孔子学院、文化中心的创设

语言输出是文化交流沟通的一个重要的途径。作为国家汉语推广政策的执行机构，中国国家汉语国际推广领导小组办公室继开办孔子学院之后，又在着手开办孔子教室。孔子学院至今已有多种类型、多种特色，分布广泛，具有极强的社会影响力，教学、培养效果优良，对中华文化"走出去"发挥了不可磨灭的作用。

孔子学院作为一个非营利性文化教育传播机构，其宗旨是增进世界人民对中国语言和文化的了解，发展中国与外国的友好关系，促进世界多元文化发展，为构建和谐世界贡献力量。孔子学院在汉语教学、开展汉语考试、培训汉语教师和汉语教师资格认证、开展中外语言文化交流活动等方面已取得了显著的成果。作为中外文化交流的平台，孔子学院也正在成为中国与世界各国商贸往来和民间交流的重要渠道。

在长期的意识形态对抗中，大部分西方普通群众对中国的印象都是通过西方媒体了解的，存在不同程度的误解。美国蒙莫斯大学张巨岩在发表于《公共关系评论》的一项研究中表明：美国三大报纸《纽约时报》《华盛顿邮报》和《洛杉矶时报》中关于中国的报道，负面新闻远高于正面、中性或者平衡的报道。孔子学院通过和普通民众的直接对话,释放中国的善意,使其更加了解真实的中国,从而在一定程度上塑造了中国积极的负责任的大国形象。但是,与其他国际语言推广机构相比,孔子学院目前没有统一的教材,教学方法在一定程度上也不能有效地针对国外的留学生,并且专业性的教师资源存在大缺口,与国际语言推广机构多年的办学经验相比,孔子学院在办学实践中还存在不少问题。

除了孔子学院,中国还在开罗、巴黎、首尔等城市建立了8个海外文化中心,提供文化、教育、信息服务。通过在文化中心组织和开展艺术展览、学术研讨会、文艺演出、电影招待会、文化讲座等文化活动,充分利用出借图书、期刊、教材等手段为读者提供信息服务,普及和传播中国语言和文化。文化中心已成为国外民众了解中国的重要途径之一。

四、对外文化贸易取得良好成效

通过文化贸易的方式也就是通过我国的文化产品和文化企业"走出去"来推动文化"走出去",跟我们过去计划经济条件下开展的"走出去"有很大的不同。当前,国家积极发展对外文化贸易,实施文化产品和服务出口促进计划,培育了一批文化产品出口重点企业,推出了一批在国际市场具有一定影响力的知名品牌,打造了一批具有国际竞争力的跨国文化集团公司,发展了一批能进入国际文化市场的演出、展览、艺术中介机构,建立并完善了以中国(深圳)国际文化产业博览交易会为龙头的中国文化产业博览会网络,改变了我国文化贸易严重逆差的被动局面,扩大了文化产品和服务在国际市场的占有率。

优秀的历史文化是在中华民族源远流长的岁月中积攒下来的奇珍异宝。中国历史文化中蕴藏的核心价值观,是中国文化"走出去"时必须传递给世界的声音。而在商贸方面,显示历史文化魅力的许多"老字号",在几经努力之后,终于成长为硬品牌,在世界市场上大放异彩。瑞蚨祥的事例正说明了在传统与现代的交汇中,"老字号"基于中华历史文化,汇入世界文化的光辉之中。"老字号"在快节奏时代坚持商贸信仰,将每一件产品都当作工艺品精雕细琢,始终将客户体验放在第一位,积极与外国知名品牌开展正向合作,紧跟时代潮流不断创新。我国对外文化贸易近则发挥汉字文化圈的影响辐射作用,远则极大发扬中华文化兼容并包的重要特征。

中国的商贸文化走向全球,不仅仅是制造业文化、新型服务业文化"走出去",还应该从中国商贸的源头出发——那些饱经时代打磨的"老字号",也能够带着中国最原汁原味的特色,走遍世界的每一个角落。

第四节　推动历史文化"走出去"的未来展望

当今世界正经历百年未有之大变局，世界范围内各种文化交流、交融、交锋更加频繁。面对复杂的国际环境，实现从文化大国到文化强国的跨越，是当代中国面临的重大课题。党的十九届五中全会把社会文明程度得到新提高、中华文化影响力进一步提升作为"十四五"时期经济社会发展主要目标之一，并提出到 2035 年建成文化强国，国家文化"软实力"显著增强。推动中华文化"走出去"，提升中华文化影响力，需要将中华文化对外传播内容的丰富性、传播途径的多样性、文化影响的持久性进行有机整合。

一、创新中华文化传播路径，提升国际传播能力

向世界展示真实、立体、全面的中国，让中华文化走向世界，创新传播路径是关键。这需要我们融合内力、巧借外力，发挥各自特色和优势开展工作，不断提升中华文化的国际传播能力。

发挥主流媒体的主导和优势作用。媒体是争取国际话语权和实现文化"走出去"的重要载体。大数据、人工智能、云计算等新兴技术的涌现，呼唤着传播载体和传播技术的革新。应推动传统媒体和新兴媒体在体制机制、政策措施、流程管理、人才技术等方面加快融合步伐，尽快建成一批具有强大影响力和竞争力的新型主流媒体，逐步构建网上网下一体、内宣外宣联动的主流舆论格局，抢占信息传播制高点。同时，加强与不同国家和地区的主流媒体在资源、平台、技术等方面的交流协作，借助国际传播平台开展中华文化对外宣传，着力打造具有强大引领力、传播力、影响力的国际一流新型主流媒体，建设中华文化国际传播的新高地。

多措并举促进中华文化多层次、立体化传播。文化文艺工作者要坚持不忘本来、吸收外来、面向未来，在继承中转化，在学习中超越，创作更多既体现中华文化精髓、反映中国人审美追求、传播当代中国价值观念，又符合世界潮流的优秀作品，让我国文艺以鲜明的中国特色、中国风格、中国气派屹立于世；哲学社会科学工作者应自觉加强话语体系建设，善于提炼标识性概念，打造易于为国际社会所理解和接受的新概念、新范畴、新表述，做到中国故事，国际表达，通过学术交流表达中国的价值观念和思想文化；海外华侨华人以饮食、服饰、建筑、

民俗等为媒介,展现中华文化的独特魅力与时代风采,以侨为桥,采取国外受众乐于接受的方式、易于传播的话语,在日常交流、庆典仪式、展览赛事中润物无声地传播中国价值观念,将富有时代意蕴的中华文化推向国际舞台。

二、培育优质文化产品,打造中华文化品牌

文化产品是文化的重要承载和表现形式。加快培育优质文化产品,持续打造中华文化品牌,是焕发中华文化生机活力、提升中华文化影响力的必然要求。为此,我们要着力在以下两个方面下功夫。

一方面,要在调研上下功夫,提升中华文化传播的针对性与实效性。开展世界文化市场动向调研,了解国际社会对中华文化的认知度、需求度,补短板扩优势;开展国外受众调研,深入研究国外不同受众的文化传统、价值取向与思维习惯,紧扣不同人群的关注点、兴趣点和共鸣点,切实做到因人制宜和因地制宜、因时制宜,开发富有表现力和感染力的文化产品;开展追踪调研,持续关注国外受众对文化产品的体验,对标内容是否体现中华文化精髓和符合世界进步潮流,对标路径是否符合市场规律和国际惯例,优化调整产品设计与产品推介方式,生产出适销对路的优质文化产品,以中华文化产品研发助力中华文化品牌建设。

另一方面,要在品牌建设上下功夫,提升中华文化传播的深远性和持久性。挖掘品牌核心价值,着力打造个性鲜明、开放包容的中华文化品牌形象。坚持以中华文化作为塑造品牌核心价值的活力源泉,提炼贴合中华文化核心价值的精神标识,构筑中华文化品牌的核心竞争力,让中华文化中具有中国特色、世界意义的文化精髓走向世界。坚持把握大势、区分对象、精准施策,紧扣品牌核心价值,深度谋划品牌架构,持之以恒地对品牌建设进行分区、分众、分阶段的谋篇布局。适应文化的多样性发展需求,以中华文化品牌建设为抓手,打造系列文化产品,助力中华文化持续发挥影响力,在世界舞台展现出独到的魅力与风采。

参 考 文 献

[1]耿超,徐目坤.文化自信:中国自信的根本所在[M].桂林:广西师范大学出版社,2019.

[2]李程骅.文化自信[M].南京:江苏人民出版社,2018.

[3]陈晋.中国道路与文化自信[M].北京:学习出版社,2019.

[4]中共贵州省委宣传部.文化自信的传统源泉[M].贵阳:孔学堂书局,2018.

[5]李建德,杨永利.中国道路的文化自信[M].北京:研究出版社,2018.

[6]陆通.中华优秀传统文化与文化自信[M].长春:吉林出版集团股份有限公司,2018.

[7]张波.新时代走向"强起来"的文化自信研究[M].长春:吉林大学出版社,2020.

[8]蒋海.中华民族:积淀五千年的文化自信[M].北京:北京人民出版社,2017.

[9]蔡武.筑牢文化自信之基:中国文化体制改革40年[M].广州:广东经济出版社,2017.

[10]刘明洋,王景强.转化与发展:走进新时代的中华优秀传统文化[M].济南:山东人民出版社,2018.

[11]张忠纲.中华优秀传统文化[M].济南:山东文艺出版社,2019.

[12]王卫平.中华优秀传统文化[M].苏州:苏州大学出版社,2018.

[13]朱康有.中华优秀传统文化与马克思主义[M].重庆:重庆出版社,2019.

[14]张岂之.张岂之谈中华优秀传统文化[M].南京:江苏人民出版社,2019.

[15]赵坤.中华优秀传统文化当代价值[M].桂林:广西师范大学出版社,2019.

[16]张绍元.文化自信:中华优秀传统文化核心思想理念读本[M].北京:中国言实出版社,2018.

[17]陆通.中华优秀传统文化与文化自信[M].长春:吉林出版集团股份有限公司,2018.

[18]王永宏,谭杰,高春燕,等.中国传统文化与大学语文教程[M].哈尔滨:黑龙江大学出版社,2018.

[19]鲁学军.中华优秀传统文化入门[M].2版.上海:复旦大学出版社,2018.

[20]秦同培,刘冬梅.传统文化修养丛书:撰联指南[M].上海:上海科学技术文献出版社,2018.

[21]朱东安.晚清政治与传统文化[M].沈阳:辽宁人民出版社,2019.

[22]张义明,易宏军.中国传统文化概论[M].西安:西北大学出版社,2019.

[23]周秉伟.传统文化进校园[M].镇江:江苏大学出版社,2019.

[24]何艳萍.传统文化润童心[M].北京:北京理工大学出版社,2019.

[25]张宏.中国传统文化概论[M].北京:北京理工大学出版社,2019.

[26]杨小京.传统文化与素质教育研究[M].长春:吉林人民出版社,2019.

[27]章太炎.章太炎讲中国传统文化[M].南京:河海大学出版社,2019.

[28]吴捷.传统文化与幼儿成长:幼儿园传统文化研究与实践[M].桂林:广西师范大学出版社,2019.